Created by Olo.éditions
www.oloeditions.com

Konzept & Auswahl
Nicolas Marçais
Philippe Marchand

Bearbeitung
Nicolas Marçais
Claire Chamot

Graphische Gestaltung
Philippe Marchand

Text
Chantal Allès
Delphine Menut

Übersetzung
Aus dem Französischen von
Bettina Atangana, eurotext,
Heidelberg

Layout
Fanny Naranjo

Ikonographie
Claire Chamot

Anmerkung: Alle Dollar-Preisangaben beziehen sich auf USD.

ISBN : 978-3-89466-289-9
Druck: Imago (Asien)

www.editionbraus.de

CRAZY! FOOD

EDITION BRAUS

Sag mir, was du isst, und ich sage Dir, wer du bist... Was unterscheidet den Menschen vom Tier? Nicht viel, wenn man den Wissenschaftlern Glauben schenkt. Einen fundamentalen Unterschied aber gibt es allemal: die Küche. Denn während sich Tiere der Nahrungsaufnahme lediglich aus einem lebensnotwendigen Grundinstinkt heraus widmen, bedeutet sie für den Menschen viel mehr als das, nämlich einen Akt der Freude, des Verlangens und der Hingabe, ja des Deliriums. Die Spezies Mensch liebt es, ihre Nahrung kittelbeschürzt und kochlöffelschwingend zu verändern, zu verfeinern, zu variieren... Für sie ist Ernährung Notwendigkeit und Lust zugleich: Lust,

Lebensmittel und ihre oft überraschende, teils verwirrende Geschmacksvielfalt zu entdecken. Lust, sich um einen reichgedeckten Tisch zu versammeln. Lust, sich an verrückten Utensilien mit den unglaublichsten Fähigkeiten zu ergötzen. Lust, sich von berauschenden Meisterkreationen aus der internationalen Hexenküche verzaubern zu lassen. Lust, an außergewöhnlichen Orten außergewöhnliche Erlebnisse mit außergewöhnlichen Menschen zu teilen. Lust, beim Anblick eines Brotkantens über den Sinn des Lebens zu philosophieren... Das Phänomen Lebensmittel ist so vielfältig wie das Leben selbst und eignet sich bestens für Inszenierungen, Ausschweifungen und Verrücktheiten jeder Art.

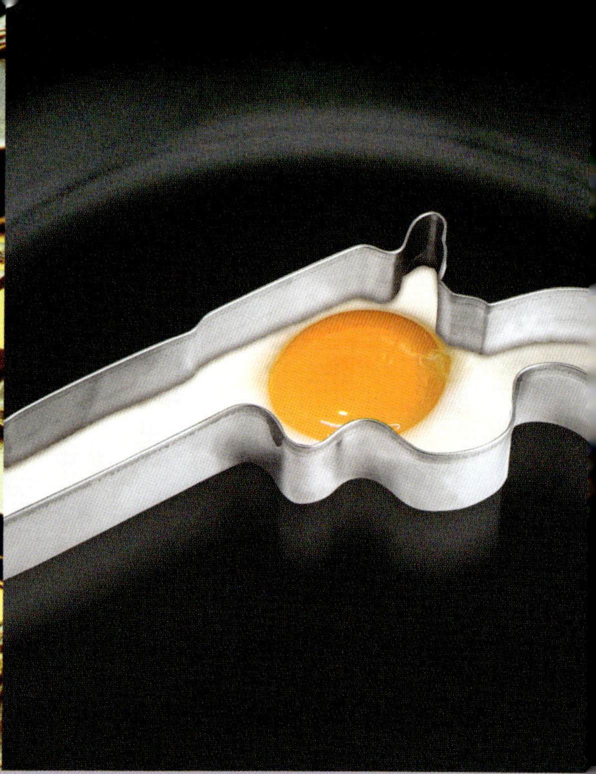

1

ESSEN & TRINKEN

Selbst in Zeiten der Globalisierung und Uniformierung der Geschmäcker gibt es noch Abenteurer und Entdecker.

2

DAS AUGE ISST MIT

Ästhetisch, witzig, funktionell, intelligent: Das Geschirr des 21. Jahrhunderts ist anspruchsvoller denn je.

3

KÜCHEN & KÖCHE

Seit den 70er Jahren und der revolutionären „Nouvelle Cuisine" wird sie endlich als das gewürdigt, was sie ist: die Kochkunst.

4

FOOD ART

Durch die subtile Verfeinerung wird Essen zur Kunst: wandelbar, vergänglich und verteufelt menschlich...

ESSEN
UND TRINKEN

1

Innovativ, verwirrend, witzig oder einfach nur eklig... Die Lebensmitteltrends des 21. Jahrhunderts sind gespickt mit Überraschungen: Sie können Ihre Cheeseburgerration bei der Wüstenrallye im Kofferraum verstauen, das Rauchverbot umgehen, indem Sie sich den Tabak hinter die Binde kippen, statt ihn zu rauchen, der Trunksucht abschwören, ohne auf den Geschmack

Es könnte sich herausstellen, dass Konservennahrung langfristig gesehen eine tödlichere Waffe ist als das Maschinengewehr.

GEORGE ORWELL

von Wein verzichten zu müssen oder Mutter Natur mit diversen Zaubertränken auf die Sprünge helfen. Selbst in Zeiten der Globalisierung und Uniformierung der Geschmäcker gibt es noch Abenteurer und Entdecker, die mutig an Insektenlollis lutschen, sich an Hirschpenisschnaps berauschen oder voller Hoffnung das Plazentaelixier der ewigen Jugend schlürfen. Und das finden Sie „crazy"?

CAVIAR D'ESCARGOT

www.caviar-escargot.com

DIE PERLE AUS DEM UNTERHOLZ

Sie haben das ewige „Kaviar-mit-Sekt-Frühstück" schon lange satt? Dann lassen Sie sich von dieser kostbaren Perle aus dem Unterholz, besser bekannt als „Schneckenkaviar", verführen. In Frankreich gelten die schleimigen kleinen Bauchfüßler an Knoblauchbutter ja schon seit Jahrhunderten als Delikatesse. Nun hat die Gourmetwelt auch deren Eier für sich entdeckt und lobt ihren natürlichen Geschmack nach feuchtem Gras und Pilzen... Schneckenkaviar – allemal preiswerter als Störeier und stilvoller als Seehasenrogen – wird mit dem Löffel roh zu etwas Crème fraîche und einer getoasteten Scheibe Brot gegessen.

Preis: 264€ pro Dose à 125 g (zum Vergleich: Eine Dose Beluga-Royal-Kaviar kostet 950€), erhältlich über die Website von „De Jaeger".

DIE SCHNECKEN WERDEN IN FREILANDZUCHT GEHALTEN UND MIT PFLANZEN UND GETREIDE GEFÜTTERT. SIE PRODUZIEREN JÄHRLICH ETWA EINHUNDERT EIER (CA. 4 GRAMM). DIE EIER WERDEN PER HAND ENTNOMMEN, GESÄUBERT UND IN EINER MISCHUNG AUS SALZ UND ÖL EINGELEGT.

LA PERLE DES SOU

CHEESEBURGER IN A CAN
www.trekneat.com

CHEESEBURGER AUS DER DOSE

Sie sind ein echter Fast-Food-Junkie und wollen nirgends auf Ihren täglichen Cheeseburger verzichten? Weder mitten in der Wüste Gobi, noch auf einer einsamen Insel? Dann können Sie aufatmen, denn dies hier wird Sie wunschlos glücklich machen: der Cheeseburger in der Dose. Mit allem, was dazugehört: Käse, Hacksteak, Tomatenscheiben, Zwiebelringen, Gurke, ja sogar einem Salatblatt. Die kuriose Idee stammt von einem Trekking- und Campingartikelverkäufer. Ein Kassenschlager, wie sich mittlerweile herausgestellt hat: Der Cheeseburger in der Dose gehört zu seinen meistverkauften Produkten.

Preis: 3,95 €.

BURGER ZUM ERWÄRMEN EINFACH INS HEISSE WASSERBAD LEGEN.
MMH LECKER, AUSSEN KNUSPRIG, INNEN WEICH... PROBIEREN LOHNT SICH!

FLAME

www.firemeetsdesire.com

PARFÜMBURGER

Es gibt Leute, die würden für ihren „Whopper" um die halbe Welt laufen. Ja genau, dieser berühmte Hamburger von Burger King! In Frankreich, wo schon vor zehn Jahren Burger-King-Restaurants verschwunden sind, ist auf Facebook eine Petition aufgetaucht, die ihr Comeback fordert. Nun gibt es endlich ein Mittel gegen die Sehnsucht: „Flame". Ein Herrenduft der Fast-Food-Kette für alle, die dem Geruch von gegrilltem Fleisch verfallen sind. Ob sich davon auch die Damenwelt beeindrucken lässt, sei zwar dahingestellt, aber wer's braucht...

Preis: $ 3,99.

IN EINER GEWIEFTEN MARKETINGKAMPAGNE STREUTE BURGER KING 2007 DAS GERÜCHT, DER WHOPPER WÜRDE AUS DEM SORTIMENT GENOMMEN. EINIGE MIT VERSTECKTER KAMERA GEFILMTE KUNDENREAKTIONEN FINDEN SIE HIER: WWW.WHOPPERFREAKOUT.COM.

KONO PIZZA
www.konopizza.com

DIE TÜTCHENPIZZA

Ein Tütchen gefällig? Na gut. Dieses Tütchen ist zwar nicht illegal, aber ein wenig ketzerisch erscheint es schon. Eine zum Tütchen zusammengerollte Pizza! Da dürfte so manch einer italienischen Mama das Messer in der Tasche aufgehen. Und dabei waren es Italiener, die sich von den nicht weniger bekannten italienischen Speiseeiswaffeln zu dieser neuen Art der Pizza inspirieren ließen. Die Kono Pizza ist ganz offensichtlich besser als Snack für unterwegs geeignet: Endlich ist Schluss mit heruntergefallenen Oliven, Fettflecken und Tomatenspritzern auf den Klamotten... Die Pizza der Zukunft, die Zukunft der Pizza (so der Slogan des Herstellers).

Preis: ab $ 3,99.

KONO PIZZA IST EINE FAST-FOOD-KETTE MIT NIEDERLASSUNGEN IN ITALIEN, JAPAN UND DEN USA. EBENFALLS IM ANGEBOT: DIE „MINI-KONO" FÜR BUFFETS UND ALS VORSPEISE.

DINNER THEATER
www.kimmu.com

ABER ERST WIRD AUFGEGESSEN!

Sitz gerade! Ellenbogen vom Tisch! Mit vollem Mund spricht man nicht! Finger aus dem Essen! ... Schluss mit den guten Manieren! Im 21. Jahrhundert sollte endlich jeder essen dürfen, wie und was er will. Wie wäre es beispielsweise mit dieser netten Tischbeleuchtung? Keine Sorge, der Lampenschirm ist aus Brot. Dazu ein Eckchen von der Kerze (aus reiner Butter) und ein Stück von der Schüssel (aus Klebreis), bevor Sie Ihr Dinner mit dem Teller und dem Platzset aus Schokolade und Chantilly-Creme beschließen. So werden alle Gäste satt, und der Abwasch erübrigt sich von selbst...

DIE ESSBAREN BELEUCHTUNGS- UND GESCHIRRIDEEN WURDEN VON DER DESIGNERIN KIMBERLY HU ANLÄSSLICH EINES WETTBEWERBS ÜBER DEN LEBENSSTIL IM JAHR 2015 ENTWICKELT, SIND ALLERDINGS NOCH NICHT IM HANDEL ERHÄLTLICH.

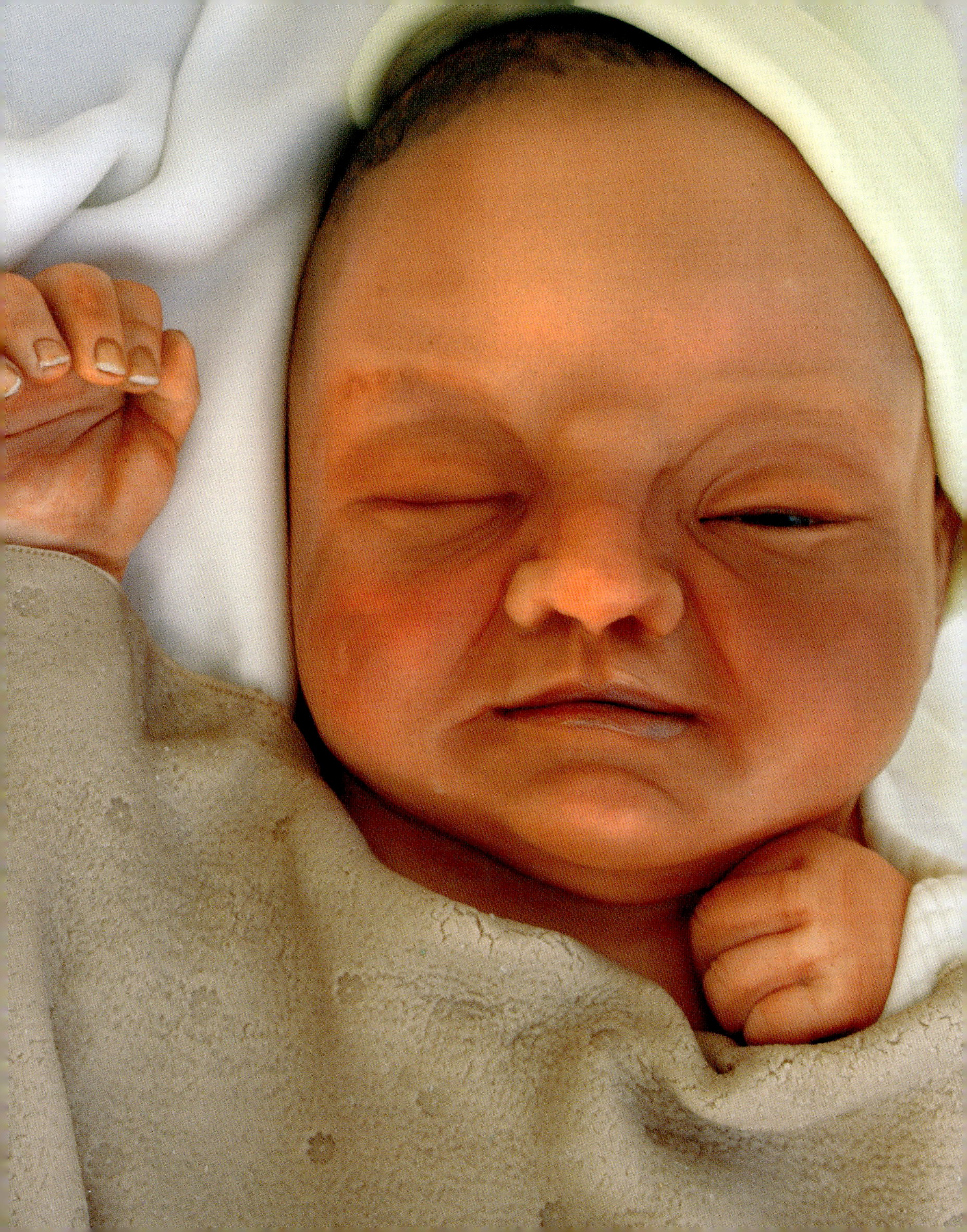

BABY CAKE
www.michellesugarart.co.uk

EIN BABY ZUM ANBEISSEN

Wollen Sie eine kleine Hand oder lieber das linke Ohr? Oder wie wäre es mit einem Stückchen Fuß? So ein Mordshunger kann schon mal das Tier im Menschen wecken. Und dieses lebensechte Neugeborene dürfen Sie sich sogar ganz ohne Gewissensbisse einverleiben, denn es ist in Wirklichkeit nichts anderes als ein großer Kuchen. Michelle Wibowo, diplomierte Architektin aus England, hat die Konditorenkunst für sich entdeckt. Das Video auf Youtube, in dem sie mit geschickten Händen ihren Babycake herstellt, wurde bereits über 1.000.000-mal aufgerufen. Drachen, Häuser, Handys – Michelle kreiert Kuchen in allen erdenklichen Formen und für jeden Anlass. Ihre Popularität verdankt sie allerdings vor allem ihren Miniaturen der Royal Family und diesem, zugegebenermaßen, etwas irritierenden Neugeborenen...

Preis: 750 € pro Kuchenskulptur.

DIE KUCHEN WERDEN AUS TRADITIONELLEM BISKUITTEIG, SCHOKOLADE, VANILLE, BUTTERCREME UND MARZIPAN HERGESTELLT.

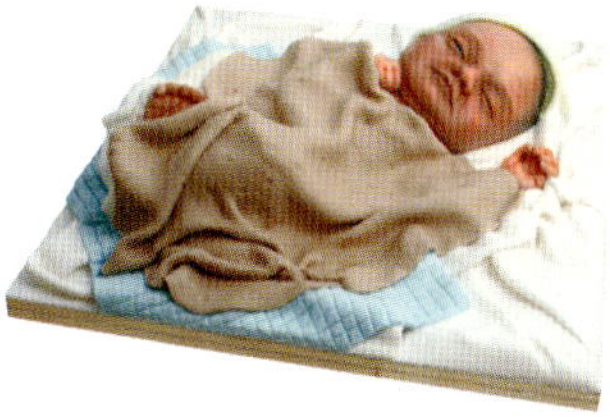

BREAST PUDDINGS
www.inventorspot.com

KNACKIGE ÄPFELCHEN

Lassen Sie sich nicht von der netten rosafarbenen Verpackung täuschen. Dieser Kuchen ist nichts für fromme Leute! Er hat auch in der Vesperdose Ihrer Kleinen nichts verloren. Die süße kleine Manga-Heldin lädt Sie mit ihrem anzüglichen Lächeln ein, von ihren prallen Äpfelchen mit den hübschen rosa Nippelchen zu kosten. Eine Leckerei, die ganz offensichtlich aus Japan stammt, und in zwei Ausführungen – Weiblein oder Männlein – erhältlich ist. Ja, auch Männer haben Brüste, wenngleich diese natürlich weniger prall und rund sind!

Preis: ca. 400 Yen, (entspricht etwa 3 €).

**UND DER GESCHMACK? SÜSS, NACH ZUCKER UND MILCH, ETWAS WABBELIG...
NA, LUST AUF EINE KLEINE SÜNDE?**

あま〜い秘密のデザートや！
なめたかったら
てもええで〜

FAT PIG CHOCOLATE
www.fatpigchocolate.com

FRISS DICH FETT

Wir wissen es alle: Das gefährlichste aller Lebensmittel kann verborgene Seiten unseres Wesens zum Vorschein bringen. Der Vorteil dieser Milchschokoladentafel besteht darin, dass sie ehrlich zu uns ist: Nein, diese Schokolade ist nicht gesund. Nein, Sie bleiben nicht schlank. Ja, sie ist fett und voller Zucker. Geben Sie den morgendlichen Kampf gegen die Waage auf und verstauen Sie das Gerät in der Besenkammer! Eine originelle und gewagte Marketingstrategie, bei der die Kunden ausnahmsweise einmal nicht für dumm verkauft werden. Vergessen Sie alle Schuldgefühle und genießen Sie das Leben! Jede Tafel ist in rosafarbenes Glanzpapier eingeschlagen und ähnelt einer Schweineschnauze. „Wenn Sie noch kein fettes Schwein sind: Mit unserer Schokolade werden Sie es. Garantiert!" Ihnen läuft schon das Wasser im Mund zusammen? Dann vergessen Sie nicht, schnell den oberen Knopf Ihrer Jeans zu öffnen!

Preis: $ 5,95 die 6 Einzelstückchen.

AUF DER WEBSITE FINDET SICH EINE FOTOGALERIE VON GESICHTERN MIT EINER SCHOKOLADENVERPACKUNG VOR DER NASE. SCHICKEN SIE IHRES DOCH AUCH EINMAL!

Fat Pig

XYLISH PLATINUM MINT «CHARDONNAY» FLAVOR GUM
www.meiji.co.jp/sweets/candy_gum/xylish

KAUEN UND NÜCHTERN BLEIBEN!

In der westlichen Welt ist man allgemein der Ansicht, Kaugummi sei dazu da, Mundgeruch oder gar eine Alkoholfahne zu kaschieren. Mit diesem neuen Kaugummi aus Japan erreichen Sie genau das Gegenteil! Sie wollen jemanden glauben machen, Sie seien die ganze Nacht mit Ihren Freunden durch die Bars gezogen? Dann probieren Sie doch einmal diesen Kaugummi mit Chardonnay-Geschmack, der speziell für das 10-jährige Bestehen der japanischen Confiseriekette „Meiji" entwickelt wurde. Es gibt zwar auch andere Aromen im Sortiment, wie fruchtige Minze, Cola oder Zitrone, aber die Weinsorte ist einfach unglaublich! Warum sollte man aber einen Kaugummi mit Weingeschmack einem echten Glas Wein vorziehen? Weil man zwar das Gefühl hat, etwas zu trinken, am nächsten Tag aber garantiert keinen Kater bekommt!

FÜR ALLE WEINMUFFEL GIBT ES ZAHLREICHE SORTEN MIT COCKTAIL-GESCHMACK.

TOFFEE INSECT CANDY

www.edible.com

INSEKTENLOLLI

Diese schaurigen Süßigkeiten könnten glatt aus einem Tim-Burton-Film stammen: Ekelbonbons auf Grillen-, Heuschrecken-, Ameisen-, Skorpion- oder Madenbasis... Sie schüttelt es schon? Kosten Sie doch erst einmal: Sie dürften durchaus positiv überrascht sein. Außerdem sind Insekten aufgrund ihres hohen Proteingehalts gut für die Gesundheit. Insektenlollis sind was für ganz Mutige, denn was uns nicht umbringt, macht uns nur noch stärker!

Preis: 4 £ pro Skorpionlolli. Alle Produkte sind online erhältlich.

WENN DER GRUSELIGE INSEKTENLOLLI NICHTS NEUES FÜR SIE IST, PROBIEREN SIE DOCH MAL DIE AMEISENSCHOKOLADE ODER DIE SKORPIONCHIPS, DIE SIE DANN MIT EINEM GROSSEN SCHLUCK WODKA MIT PIKANTER SKORPIONWÜRZE HERUNTERSPÜLEN KÖNNEN.

TEQUILALIX
Tequila flavoured lollipop with edible worm inside.
INGREDIENTS: Maltitol syrup, worm,
BBQ FLAVOUR WORM CRISPS

UNGLAUBLICHE LEBENSMITTEL

INSEKTENSUSHI

Was darf's sein? Eine Handvoll halbroher Heuschrecken? Gekochte Spinnen im Reisbett oder lieber ein paar knackige Skorpione? Es besteht kein Anlass, die Nase zu rümpfen. Schließlich isst der Mensch seit Tausenden von Jahren Insekten. Der Japaner Uchiyama hat ein Kochbuch mit 79 Insekten-Rezepten veröffentlicht. Laut ihm geht nichts über eine frühlingsfrische Zikade, die geschmacklich der Krabbe sehr ähnlich sein soll. Finger weg dagegen von Holzkäferlarven! Herr Uchiyama hat sie für uns gekostet und ihnen das Prädikat „scheußlich" verliehen. Davon einmal abgesehen haben Sie jedoch freie Auswahl: Nicht weniger als 1.000 Insekten weltweit freuen sich schon darauf, auf Ihrem Teller zu landen.

Insects Sushi
http://musikui.exblog.jp

1,5 Milliarden Menschen im Jahr 1900, 3 Milliarden im Jahr 1960, 6 Milliarden 2000 und 2050 dann 10 Milliarden ... Die Weltbevölkerung wächst unaufhörlich. Verfügt unser Planet über ausreichend Ressourcen, um all seine Bewohner zu ernähren? Eine beunruhigende Frage, mit der sich auch die internationale Fachwelt intensiv beschäftigt. Alle erdenklichen Möglichkeiten werden dabei in Betracht gezogen, beispielsweise auch die, Insekten zu essen! So organisierte die Ernährungs- und Landwirtschaftsorganisation der Vereinten Nationen (FAO) 2008 eine internationale Konferenz zur Erörterung der Vorteile von Entomopha-

gie (Verzehr von Insekten). In der Tat enthalten diese Tierchen wertvolle Nährstoffe, wie Eiweiß, Fett, Mineralien, Vitamine... Während man in Europa und Nordamerika eher die Finger von Insekten lässt, sind sie in anderen Ländern fester Bestandteil der heimischen Küche. Die Bevölkerung des mexikanischen Bundesstaats Guerrero steht beispielsweise auf Jumiles, eine Art Baumwanze, die in lebendigem oder gegrilltem Zustand mit der obligatorischen Salsa gegessenen wird. In Afrika sind Raupen besonders beliebt, die australischen Aborigines schwören schon seit Jahrtausenden auf die Ernährungsqualitäten der Ameise, und in Asien stehen Heuschrecken ganz oben auf dem Speiseplan. Natürlich muss man dafür schon einige kulturelle Barrieren überwinden, aber schließlich ist der Franzose mit seiner Leidenschaft für Schnecken und Froschschenkel ja auch kein Kostverächter... Im Prinzip ist das Verspeisen von Insekten ja auch ein Beitrag zum Klimaschutz. Denn bekanntlich trägt die Rinderzucht nicht unwesentlich zum Treibhauseffekt bei. Dabei enthalten einige Insekten genauso viel Protein wie Fleisch oder Fisch. Wer sein Steak durch einen deftigen Heuschreckenspieß ersetzt, leistet einen wirksamen Beitrag für eine nachhaltige Entwicklung. Die Möglichkeiten sind praktisch unbegrenzt: Aktuell werden von 1 Million bekannter Arten lediglich 1.400 weltweit gegessen!

BABY ON THE ROCKS

Wieso haben alle Japanerinnen einen Pfirsichteint? Worin liegt das Geheimnis ihrer Schönheit? Endlich hat die Suche nach dem Elixier der ewigen Jugend ein Ende! Es versteckt sich in dieser Flasche mit der vielsagenden Aufschrift „Placenta 400.000". Ein Getränk aus Schweineplazenta, das dermatologische Wunder verspricht. Angenehmer Nebeneffekt: Der Konsument braucht sich keine Gedanken mehr über Mundgeruch zu machen, denn Plazentaelixier übertüncht alle Gerüche. Für die Weicheier unter uns: Es gibt auch eine Version „Placenta 100.000" mit Pfirsicharoma...
Preis: $ 8,50 pro Flasche.

Wine Placenta Drink
www.inventorspot.com

DAS GOLDENE YAK

Wenn das Schwein ein Glücksbringer ist, dann ist das Yak eine wahre Goldgrube. Denn der Wiederkäuer aus dem Himalaja mit seinen Respekt einflößenden Hörnern ist für den Menschen in vielerlei Hinsicht überaus wertvoll. Er dient den Sherpas als Reittier, aus seiner Wolle entstehen Kleider, sein Mist wird als Brennmaterial verwendet, seine Milch und sein Fleisch schließlich sind in Tibet Grundnahrungsmittel. Das Fleisch schmeckt ähnlich wie Rind, gegessen wird es als Gulasch, Hackbällchen oder getrocknet. Die Milch wird vorrangig für die Zubereitung des beliebten Buttertees verwendet. Um Yakfleisch zu essen, benötigt man mittlerweile auch keine Bergsteigerausrüstung mehr. Seit einigen Jahren haben auch europäische und amerikanische Bauern mit der Yak-Zucht begonnen.
Preis: ab $ 9 pro Steak.

Yakmeat
www.yakmeat.us

EIDECHSEN VOM AUSSTERBEN BEDROHT!

Etwas Ginseng, einige Yamstriebe, ein paar Mispeln und, um die Sache abzurunden, zwei, drei getrocknete Eidechsen und fertig ist das leckere Süppchen! Eidechsensuppe ist besonders in der Gegend um Hongkong sehr beliebt. Hier schreibt man dem Reptil, dessen bestes Stück offensichtlich der Schwanz ist, heilende Eigenschaften zu. Zahlreiche überlieferte Rezepte versprechen die Heilung diverser Krankheiten, wie Asthma oder Herz-Kreislaufstörungen. Getrocknete Eidechsen gelten auch in Nordafrika und im Mittleren Osten als Spezialität. So wurde vor einigen Jahren auf einem ägyptischen Flughafen ein Syrer verhaftet, der in seinem Koffer 7.000 in Honig eingelegte Eidechsen als Aphrodisiakum geschmuggelt hatte. Wohl bekomm's!

Dried Lezards
www.weirdmeat.com

HOT DOG!

Gebraten, gekocht, geröstet, gegrillt, am Spieß, in der Suppe oder als Steak... In vielen Ländern werden Hunde auf unterschiedlichste Art und mit allen erdenklichen Saucen und Beilagen zubereitet. Hundefleisch ist sehr proteinreich und vor allem in Südkorea beliebt, wo man von seiner aphrodisierenden Wirkung überzeugt ist („Hot Dog" - klingelt da was?). Auf diese Weise enden jährlich 2 Millionen Hundeleben in der Bratpfanne. Die koreanischen Postboten dürften sich freuen! Während der Olympischen Spiele in Peking hatte die chinesische Regierung den Verkauf von Hundefleisch in Restaurants verboten, um die ausländischen Gäste nicht zu verärgern.

Dog Meat
www.weirdmeat.com

GRAUE MÄUSE

Vergessen Sie Kirschwasser, Pflaumen- und Mirabellenschnaps oder Mezcal mit seinem armseligen Würmchen auf dem Flaschenboden… Alles Kinkerlitzchen neben diesem Mäuse-Schnaps. Sie sehen richtig: Es sind wirklich Mäusebabys, die monatelang in Reisschnaps konserviert wurden, um diesen Zaubertrank zu brauen. Koreanische Bauern trinken ihn schon seit Jahrtausenden gegen jede Art von Krankheiten. Für uns Europäer wäre er mit Sicherheit ein wirkungsvolles Brechmittel…

Baby Mouse Wine
www.null-hypothesis.co.uk

EIN KURZER DURCHHÄNGER?

Eines der beliebtesten traditionellen Getränke Chinas: Hirschpenisschnaps! Dieses Getränk auf Reisweinbasis wirkt Potenz steigernd und ist daher vorrangig Männern vorbehalten. Der Größe des in der Flasche konservierten Gemächts nach zu urteilen dürfte Bambis Mama ein erfülltes Sexleben genießen. Welche Frau gerät bei solchen Maßen nicht ins Schwärmen? Also ex und hopp! Während der Olympischen Spiele in China war Hirschpenisschnaps allerdings verboten, da er das Dopingmittel Ephedrin enthält.
Preis: zwischen $ 9 und $ 35 pro Glas.

Deer Penis Wine
www.uncoolhunting.org

OKKIKUNARE
www.dumpsoda.org

WONDERDRINK

Es ist wohl kaum der Apfel-, Pfirsich- oder Mangogeschmack, der den „Okkikunare" Drink bei jungen Japanerinnen so beliebt macht. „Okkikunare", was soviel wie „größer werden lassen" bedeutet, verspricht seinen Konsumentinnen vielmehr eine Traumoberweite. Aber Vorsicht: Die brustvergrößernde Wirkung des Süßgetränks wurde bislang nicht wissenschaftlich nachgewiesen, wohingegen sein Kaloriengehalt aufgrund des hohen Maissirupanteils beachtlich ist. Wer sich auf dieses Elixier einlässt, läuft also Gefahr, dass nicht nur die Körbchengröße wächst...

Preis: 200 Yen (ca. 2 €).

DIESES GETRÄNK ENTHÄLT SOJA-ISOFLAVON, DESSEN WIRKUNG MIT ÖSTROGEN VERGLEICHBAR IST.

COW URINE SODA

www.independent.co.uk

PIPI-SCHORLE

„Coca-Cola" und „Pepsi", ihr zwei Lebensadern Amerikas, nehmt euch in Acht! Eure Tage sind möglicherweise gezählt! Die indische nationalistische Partei Rashtriya Swayamsevak Sangh (RSS) hat beschlossen, dem als korrupt verschrienen westlichen Getränkemarkt den Kampf anzusagen, und zwar mit... Kuhpipi! Der Urin der heiligen Tiere sei nicht nur ergiebig, sondern auch ein wahrer Quell der Tugend, so Om Prakash, Leiter der Gesellschaft zum Schutz der Kuh der RSS. Mit Rinderurin ließen sich über 70 Krankheiten, darunter Diabetes und selbst einige Krebsarten, verhindern oder gar heilen.

WAS GESCHMACK ODER GERUCH BETRIFFT, KEINE SORGE: DAS LABORGETESTETE GETRÄNK WIRD MIT JOHANNISBEER- ODER ALOE-VERA-SAFT GEMISCHT. ALSO HOCH DIE TASSEN! AUF DIE GESUNDHEIT UND EIN LANGES LEBEN!

BILK

www.wordpress.tokyotimes.org

WEISSBIER

„Bilk" ist ein japanisches Getränk, das zu 70 % aus Bier und zu 30 % aus Milch besteht. Die Idee zu dieser Mischung kam einem Spirituosenhändler aus Hokkaido angesichts der riesigen Milchüberschüsse des Landes. Schnell gelang es ihm, mit seinem Konzept einen Regionalbrauer zu gewinnen, der ein Jahr benötigte, um die richtige Formel zu entwickeln. Da Milch einen geringeren Siedepunkt als Wasser hat, war es nicht leicht, das richtige Mischungsverhältnis für den Brauvorgang zu finden. Das Ergebnis schmeckt fruchtig und sieht etwas trüb aus, soll aber durchaus lecker sein. Na dann prost, denn die Milch macht's!

Preis: 380 Yen (etwa 3 €).

WÄHREND ANFANGS NUR EINE SPECIAL EDITION GEPLANT WAR, IST DAS UNTERNEHMEN ANGESICHTS DES DURCHSCHLAGENDEN ERFOLGS MITTLERWEILE IN SERIENPRODUKTION GEGANGEN.

牧場搾り
Bilk
ビルク
生
alcohol.5
330ml

KID'S WINE

www.sangariausa.com

ROTWEIN FÜR DIE KLEINEN

Was Hänschen nicht lernt, lernt Hans nimmermehr... Warum also nicht schon frühzeitig mit dem ersten Schluck Wein beginnen? Da Alkohol der gesunden Entwicklung ja bekanntlich nicht sehr zuträglich ist, fangen wir einfach mit alkoholfreiem Wein an, der allerdings genauso aussieht und verpackt ist, wie Wein für die Großen. Die Idee der täuschend echten Weinflaschen stammt aus Japan und zielt darauf ab, den Kleinen die Möglichkeit zu geben, auf den Partys der Erwachsenen „voll dabei" zu sein. Wenn Ihr kleiner Engel damit nicht zum perfekten Alkoholiker wird, wenn er einmal groß ist, dann ist er ein hoffnungsloser Fall!

DIE MARKE „SANGARIA", DIE DIESEN KINDERWEIN HERSTELLT, BIETET EIN GANZES KINDERSORTIMENT AN BIER, CHAMPAGNER UND SOGAR COCKTAILS AN.

SPIRITUAL WATER
www.spiritualh2o.com

JESUS IN THE BOTTLE

„Das 21. Jahrhundert wird ein Jahrhundert der Religion sein oder es wird nicht sein." Malraux hatte uns gewarnt. Und Elicko Taieb ist mit ihm vollkommen einer Meinung. Dieser Herr hat eine Wasserflasche entworfen, die auf der einen Seite ein Heiligenbild und auf der anderen Seite ein Gebet zeigt. In unserer beschleunigten Welt gelangen manche Menschen zu innerer Ruhe, indem sie von Zeit zu Zeit in eine Kirche einkehren, um zu beten. Durstige mit reinem Wasser zu tränken, damit sie ihren Seelenfrieden finden, ist ebenso empfehlenswert und nicht aufwändiger als mit herkömmlichem Wasser. Zusätzlich können Sie das Gebet auf dem Flaschenetikett lesen, das Sie auf Ihrem Glaubensweg unterstützt. Insgesamt elf Gebete und Wassersorten gibt es für jeden Anlass, wie beispielsweise das „Wasser der Konzentration" oder das „Wasser des Gleichgewichts". Das erklärte Ziel von „Spiritual water": Reinigung von Nieren und Geist!

Preis: $ 2,50 pro Flasche.

ZEHN PROZENT DES KAUFPREISES PRO FLASCHE KOMMEN DER INTERNATIONALEN KINDERHILFSORGANISATION „THE SPIRITUAL FOUNDATION" ZUGUTE.

DEFENSE
PURIFIED WATER
spiritualwater
FREEDOM
PURIFIED WATER
spiritualwater
BALANCE
PURIFIED WATER

LIQUID SMOKING
www.liquidsmoking.com

EIN GLÄSCHEN NIKOTIN GEFÄLLIG?

Nirgends kann man mehr in Ruhe rauchen. Überall sprießen Verbote wie Pilze aus dem Boden. Dabei brauchen wir doch unser täglich Nikotin. Stundenlang darauf zu verzichten, bereitet uns unerträgliche Qualen. Damit Sie nicht völlig auf Ihr Sozialleben verzichten müssen, probieren Sie doch „Liquid smoking", ein Getränk auf der Basis südafrikanischer Kräuter, das Ihnen zunächst ein Gefühl überbordender Energie und Euphorie verschafft und anschließend beruhigend und entspannend wirkt. Genau wie nach einer Zigarette. Außerdem ist dieses Getränk gänzlich frei von Nebenwirkungen, wie Lungenkrebs oder Rauch in der Nase des Nachbarn. Einziger Nachteil: Übermäßiger Genuss kann zu erhöhtem Harndrang führen. Das ist möglicherweise auffällig, aber (noch) nicht verboten!

Preis: 6,95 €.

DIESES GETRÄNK IST ALKOHOLFREI. SIE LAUFEN ALSO NICHT GEFAHR, VOM RAUCHER ZUM ALKOHOLIKER ZU WERDEN!

THE SMOKING ALTERNATIVE
NEW
MR. MARTIN'S
Liquid Smoking
©
No warning needed
THE SMOKING ALTERNATIVE
NEW
MR. MARTIN'S
Liquid Smoking
©
No warning needed

Original Seefurth Family
MAMMA MIA!
Chef Tom
Chef Athena
Pizza Beer
Ale Brewed with Oregano, Basil, Tomato & Garlic

MAMMA MIA PIZZA BEER

www.mammamiapizzabeer.com

BIER ALLA ITALIA

„Nie wieder Tomatenflecken auf dem Sofa nach einem Fußballabend mit Freunden" – das haben Sie Ihrer Süßen versprochen. Dabei schmeckt Bier ohne Pizza nur halb so gut. Die einzige Lösung bestünde darin, die Pizza in das Bier zu bringen. Keine Flecken mehr, nur noch Geschmack pur. Diese Vorstellung bewegte Tom und Athena Seefuth, ein Pärchen aus Illinois, eines Tages dazu, den Überschuss an Tomaten zu einem Bier zu verarbeiten, das bestens zu ihrem Lieblingsessen – Pizza – passte. Die Idee: Die Zutaten einer Pizza Margherita verflüssigen und mit Bier vermischen. Dank eines besonderen Verfahrens und eines geheimen Rezepts ist die Welt nun um ein Bier reicher: ein Bier mit Pizzageschmack.

Preis: $ 1,99.

FALLS SIE DEN SPIESS EINMAL UMDREHEN WOLLEN, PROBIEREN SIE DOCH DAS REZEPT FÜR BIER-PIZZA AUF DER WEBSITE AUS!

NAKED SCOT

www.asmliquor.com

ALKOHOL? ABER BITTE NUR ÖKO!

Bio und öko sind „in". Und man kann sich durchaus biobauernhofgesund ernähren und trotzdem auch noch etwas anderes trinken als Sojamilch. „Naked Scot", ein 3 Jahre gereifter schottischer Öko-Whisky der australischen Firma „ASM Liquor" macht's möglich, garantiert ohne Herbi, Pesti- oder Fungizide. Das Unternehmen verspricht Genuss (selbst übermäßigen) ohne böses Erwachen, denn die Katerstimmung sei ausschließlich den „Unreinheiten" im herkömmlichen Whisky geschuldet. Mit dieser Werbestrategie für seinen Whisky ohne Nebenwirkungen ist es dem Unternehmen gelungen, nicht nur den Zorn der Antialkoholbewegung, sondern auch den der Scotch Whisky Association heraufzubeschwören.

EIN KATER ENTSTEHT IM WESENTLICHEN DURCH DEHYDRIERUNG UND UNTERZUCKERUNG IN VERBINDUNG MIT ÜBERMÄSSIGEM ALKOHOLKONSUM.

DAS AUGE
ISST MIT

2

Schon vor langer Zeit haben die Designer erkannt, dass die Form ebenso wichtig sein kann wie der Inhalt. Schließlich sind beim Essen alle Sinne gefordert: Riechen, Schmecken, Fühlen, Hören und natürlich Sehen. Warum also nicht das Steak mit Mustern verzieren, Liebesnachrichten auf das morgendliche Toastbrot schreiben, Cocktails aus beschuhten Gläsern schlürfen oder mit Nasenversteckspielchen langweilige Partys aufmischen?

> **Angeschlagene Teller, Gläser, die nicht zu einander passten, Messer mit lockeren Klingen, Gabeln mit angelaufenen Zinken... kurzum, es fehlte nichts, um einem anständigen Menschen den Appetit zu verderben.**
>
> ANATOLE FRANCE, DIE SCHULD DES PROFESSORS BONNARD (1881)

Im 21. Jahrhundert muss Geschirr nicht nur witzig, ästhetisch und funktionell sein, sondern auch intelligent. Da gibt es sprechende Teller mit der Extra-Portion Gewissensbisse für alle, die gern einmal über den Appetit essen, Brillen, die blaue Wunder versprechen, und zahlreiche andere High-Tech-Gerätschaften, gegenüber denen die gute alte Küchenmaschine eine regelrechte Antiquität darstellt. Ja, die Revolution liegt schon auf unseren Tellern!

MICROWAVEABLE S'MORES MAKER
www.amazon.com

LAGERFEUERROMANTIK FÜR DEN PLATTENBAU

Sie sind der Inbegriff der amerikanischen Lagerfeuerromantik: gegrillte Marshmallows. Leider leben Sie in der Großstadt und Ihr Lagerfeuer ist die Mikrowelle? Kein Problem! Dieser süße kleine Roboter macht's möglich. Einfach einen Marshmallow zwischen zwei Kekse klemmen, Roboterarme darauf legen und ab damit in die Mikrowelle. Einige Sekunden später ist der Mäusespeck fertig gegrillt. Natürlich können Sie mit Ihrem kleinen Roboter auch alles andere rösten, abgesehen vielleicht von Ihrer Katze, die ja bekanntlich in der Mikrowelle nichts zu suchen hat!

Preis: $ 8,99.

DANK SEINES KLEINEN WASSERBEHÄLTERS BRINGT DER NIEDLICHE KÜCHENGEHILFE DEN MARSHMALLOW ZUM SCHMELZEN, OHNE IHN IN EINEN UNGENIESSBAREN GUMMIKLUMPEN ZU VERWANDELN. DIE FREIGESETZTE FEUCHTIGKEIT BEWIRKT, DASS DER MARSHMALLOW SCHÖN WEICH BLEIBT.

GUN EGG FRYERS
www.urbantrendhk.com

EIN SETZEI FÜR ALLE FÄLLE

Es ist jeden Tag dasselbe: Sie stehen in der Küche und bereiten das Abendessen vor, die Kinder prügeln sich um die Bärchentasse und der werte Gatte ist hinter der Tageszeitung verschwunden. Lange spielen Sie dieses Spiel nicht mehr mit. Es wird Zeit, den Aufstand zu proben. Hände hoch, oder...! Mit diesem Setzeirevolver können Sie Ihrer Familie endlich zeigen, wer im Haus das Sagen hat. Besonders authentisch wirkt es, wenn das Servieren von langgezogenem Kojotengeheul begleitet wird...

Preis: $ 5,97.

DIE SCHIESSEISEN EIGNEN SICH ÜBRIGENS AUCH ALS BACK- UND AUSSTECHFÖRMCHEN. DAMIT LANDEN SIE AUF DEM NÄCHSTEN COWBOY-KINDERGEBURTSTAG GARANTIERT DEN GROSSEN COUP!

DRAWING PAN
www.fabriziogarramone.com

BRATPFANNENKUNST

Warum ist eigentlich niemand früher auf diese Idee gekommen? Dabei ist sie so einfach: Steaks bekommen ja bekanntlich beim Grillen dunkle Streifen. Wie wäre es also statt langweiliger Striche mit kunstvollen Formen und Figuren? Diese Bratpfanne macht sich den Grilleffekt zunutze, um Ihrem Bratgut hübsche Muster zu verpassen. Und dank der auswechselbaren Einsätze ist der Stil Ihrer kulinarischen Kreationen nach Belieben variierbar. Bisher galt der Begriff „Küchenkunst" nur als Metapher. Nun nimmt er konkrete Formen an. Mit dieser Grilltechnik können Sie ganze Mahlzeiten verzieren oder kleine dekorative Akzente zu setzen. Ihrer Kreativität sind keine Grenzen gesetzt!

DIE EDELSTAHLFORM KANN AUCH FÜR KUCHEN UND TORTEN VERWENDET WERDEN.

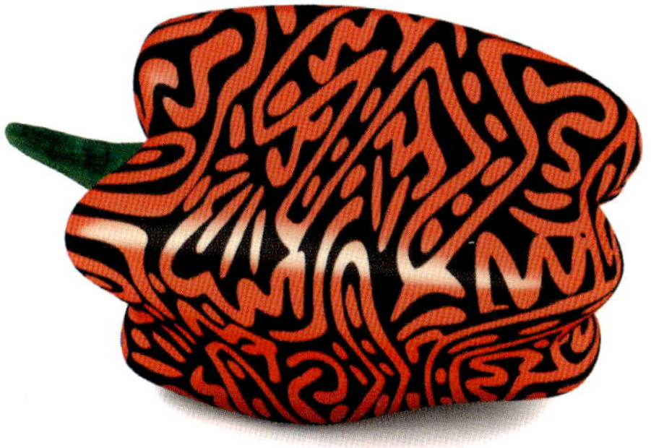

SCAN TOASTER
www.electroluxdesignlab.com

EIN TOAST FÜR JEDEN TYP

Auch wenn Sie wieder einmal das Frühstück sausen lassen mussten, um mit hängender Zunge pünktlich bei der Arbeit zu erscheinen, vergessen Sie nicht: Mit leerem Bauch denkt sich's schlecht. Also schnell noch einen Kaffee eingegossen und schwups den Toaster an den Computer angeschlossen. Sie hören richtig: Dieser Scan-Toaster wird über ein USB-Kabel mit Strom versorgt und kann wundersamer Weise Text- oder Bilddateien importieren, um Ihren Toast individuell zu gestalten. Im schwenkbaren Deckel des Toasters befinden sich kleine Grillmodule, die das gewünschte Motiv pixelweise aufs Brot „drucken". Damit sind Sie garantiert der Star des Open Space!

SUNG BAE CHANG, DER ERFINDER DIESES TOASTERS, IST EINER DER PREISTRÄGER DES „ELECTROLUX DESIGN LAB 2008" VON ELECTROLUX. SEIN TOASTER DÜRFTE BALD IM HANDEL ERHÄLTLICH SEIN.

−/+
Electrolux

SLICE PLATE
www.atypyk.com

GERECHTIGKEIT MUSS SEIN

Endlich Schluss mit den Streitereien, wer das größte Stück vom Kuchen abbekommt. Denn dieser raffinierte Teller sorgt für Chancengleichheit. Für alle Rechenkünstler unter uns: Ein Teller bildet ein Sechstel eines Kreises von 46 cm Durchmesser. Es sind also noch fünf weitere Teller erforderlich, damit der Kreis vollständig ist. Das war zu kompliziert? Keine Sorge, dank dieses Tellers brauchen Sie ja nun nicht mehr zu rechnen...

Preis: „Slice Plate": 9€, „Hairy Plate": ca. 35€ die 4 Teller.

DIE DESIGNER VON „ATYPYQ" HABEN HUMOR. DIES ZEIGT AUCH IHR „HAIRY PLATE" (HAARIGER TELLER), MIT DEM SIE OHNE GROSSEN AUFWAND EINEN KLEINEN SKANDAL PROVOZIEREN KÖNNEN...

REISS DICH ZUSAMMEN!

SMART PLATE

www.slashfood.com

ABNEHMEN LEICHT GEMACHT

Die Erfindung von Dr. Hryhory Chausovsky, einem ukrainischen Wissenschaftler, ist die Alternative zu langweiligen und mühseligen Diäten: Ein sprechender Teller, der mit einem Minicomputer ausgestattet ist und Ihren Appetit mit Warnungen, wie „Stopp! Denk an Dein Übergewicht!" oder „Reiß dich zusammen!" in Schach hält. Ab sofort werden Sie sich ganz genau überlegen, wie voll Sie Ihren Teller füllen. Denn dass Sie zu dick sind, ist ja wohl das Letzte, was Sie hören möchten. Diese Methode ist durchaus effizient und bei weitem nicht die einzige Erfindung des Doktors. Falls Sie es etwas diskreter wünschen, dann ist vielleicht der Bauchumfang-Kontrollgürtel etwas für Sie. Oder Sie probieren die Kühlschrank-Alarmanlage aus, die jeden Öffnungsversuch mit den Worten „Was wollen Sie hier? Haben Sie wirklich Hunger oder nur Appetit?" kommentiert.

CHAUSOVSKYS ERFINDUNGEN KÖNNTEN SICH ALS REVOLUTIONÄR ERWEISEN. VORHER MUSS JEDOCH NOCH EIN GERÄT ERFUNDEN WERDEN, DAS VERHINDERT, DASS DER DIÄTWILLIGE AM ENDE NICHT KÜHLSCHRANK UND TELLER AUS DEM FENSTER WIRFT UND MIT DEN HÄNDEN ISST...

WEIGHT LOSS SUNGLASSES

www.bookofjoe.com

BLAUES WUNDER

Sie fühlen sich zu dick und finden Ihr Leben grau und farblos? Dann hilft Ihnen diese blaue Brille der japanischen Firma Yumetai möglicherweise mehr als die rosarote. Der Hersteller empfiehlt, die Brille mit den tiefblau getönten Gläsern während der Mahlzeiten zu tragen, da blau die Farbe mit der geringsten appetitanregenden Wirkung sei. (Es gibt übrigens so gut wie kein von Natur aus blaues Lebensmittel.) Das Gehirn erhält eine Negativmeldung, die bewirkt, dass Ihr Heißhunger auf das, was Sie sehen, nachlässt. Na, jetzt wissen wir endlich auch, warum wir noch nie Appetit auf Schlümpfe hatten!

Preis: $ 20.

BLAU HAT EINE BERUHIGENDE UND ENTSPANNENDE WIRKUNG. SOLLTEN SIE ALSO MIT DIESER BRILLE NICHT ABNEHMEN, KÖNNEN SIE WENIGSTENS SCHÖN RELAXEN. OMMH...

BIODEGRADABLE PICNIC WARE
www.firebox.com

PICKNICKEN IM EINKLANG MIT DER NATUR

Schluss mit Picknick-Geschirr aus Plastik, diesem Dorn im Auge aller wahren Naturfreunde! Denn jetzt können Sie Ihr kariertes Tischtuch mit diesem hundertprozentig biologisch abbaubaren Service für vier Personen decken. Teller, Schüsseln und Tassen sind aus Maniok hergestellt, Löffel, Gabeln und Messer aus Holz. Wenn Sie mit dem Picknicken fertig sind, haben Sie die Wahl, entweder das Öko-Geschirr abzuwaschen und wiederzuverwenden oder Teller, Schüsseln und Tassen einfach zum Dessert zu verspeisen.

Preis: $ 30.

ALTERNATIV KÖNNEN SIE DAS MANIOK-SERVICE AUCH IN WASSER AUFLÖSEN, WO ES SICH INNERHALB ETWA EINER WOCHE ZERSETZT. AUF DEM KOMPOST DAUERT DER ABBAU DAGEGEN EINIGE MONATE.

ANTI-THEFT LUNCH BAGS
www.thinkofthe.com

NICHTS FÜR LANGFINGER!

Ihr Kollege bekommt immer so einen gierigen Blick, wenn Sie Ihr hausgemachtes Sandwich auspacken? Ihre Kinder müssen ihr Pausenbrot mit den Fäusten verteidigen? Dann ist diese diebstahlsichere Sandwichtüte genau das Richtige für Sie! Die auffälligen Schimmelflecken auf der Tüte dürften selbst den hungrigsten Langfinger abschrecken. Nach der berühmten Kotztüte, die mittlerweile zum Standardgepäck aller Eltern gehört, deren Kinder zur Reisekrankheit neigen, kommt nun also die Schimmeltüte. Aber Achtung: Sollte Ihr Kollege auch noch ein Ordnungsfanatiker sein, besteht die Gefahr, dass Sie Ihr Sandwich wieder aus dem Mülleimer fischen dürfen...

Preis: $ 10 à 25 Tüten.

KEINE ANGST, DIESE TÄUSCHEND ECHTEN SCHIMMELFLECKEN SIND LEDIGLICH AUFGEDRUCKT UND BEEINFLUSSEN DIE QUALITÄT IHRES ESSENS IN KEINER WEISE!

TISCHLEIN DECK DICH

MESSER RAUS!

Ihnen platzt der Kragen, wenn Sie Messer und Gabel fein säuberlich in Reih und Glied ins Besteckfach sortieren müssen? Lassen Sie die Wut raus! Werden Sie zum professionellen Messerwerfer! An diese Magnetwand können Sie nicht nur Ihre Messer, sondern auch Gabeln und Löffel werfen. Endlich machen Aufräumen und Tischdecken wieder Spaß. Hinzu kommt der ästhetische Aspekt: Diese Wand, an der Ihr Besteck wie von Zauberhand haften bleibt, verwandelt Ihre Küche in eine Galerie für zeitgenössische Kunst.
Preis: $ 300, erhältlich in weiß und natur.
Forked Up
www.designpublic.com/shop/thout/10735

Gabel nach links, Messer und Löffel nach rechts. Soweit der einfache Teil. Nun zu den Feinheiten: Austerngabel, Hummerspatel, Schneckenzange, Kuchengabel, Käse-, Fisch-, Dessertmesser, Suppen-, Tee- und Kaffeelöffel... Da ist schon etwas mehr Kopfarbeit gefordert. Die Kunst des Tischdeckens ist eine hochkomplexe Wissenschaft, und die Frage, ob ein Gast sie beherrscht oder nicht, liefert häufig Aufschluss über seine soziale Herkunft. Dies war jedoch nicht immer so. Das erste Werkzeug war natürlich das Messer, zunächst als geschliffener Stein, später aus Feuerstein... Im Laufe der Jahrtausende und später Jahrhunderte wur-

den die Esswerkzeuge immer raffinierter. Im Mittelalter aß zwar noch die ganze Sippschaft aus demselben Napf, aber immerhin hatte jeder sein eigenes Messer. Die Gabel erschien dagegen erst im 9. Jahrhundert auf der Bild- bzw. Tischfläche und brauchte Jahre, um sich durchzusetzen. Zahlreiche historische Berichte zeugen von dem Misstrauen und der Angst vor den spitzen Zinken im Mund… Lange galt die Gabel nicht nur als gefährlich, sondern auch als obszön. Die Tatsache, dass italienische Kurtisanen sie gern zum Aufspießen von Konfekt benutzten, um sich die Finger nicht zu beschmutzen, war ihrer Popularität nicht gerade zuträglich. Noch unter Heinrich III., der sie zu gern mit seinen Gespielinnen zum Naschen verwendete, galt die Gabel als unschicklich. Der Durchbruch am Hof gelang ihr erst, als die weißen Halskrausen in Mode kamen, die es schlicht unmöglich machten, mit den Fingern zu speisen, ohne sich zu bekleckern. Damals hatte die Gabel nur zwei Zinken und war völlig flach (Erbsen zu essen war also ein Kunststück). Mittlerweile hat sie sich zur unverzichtbaren Begleiterin des Messers entwickelt, das seinerseits im Laufe der Jahre an der Spitze immer runder geworden ist. Die Revolution der Tischsitten ist im Gange…

KAFFEEKUNST

Julia Mariscal, Tochter des berühmten spanischen Designers Javier Mariscal, verziert mit Vorliebe alles, was ihr in die Hände gerät, mit winzig kleinen Zeichnungen: Servietten, Zuckertütchen, Tischdecken... Bei einer dieser Gelegenheiten kam ihr die Idee, nicht mehr nur mit einem Stift zu zeichnen, sondern auch mit einem Kaffeelöffel, an dessen Spitze Kaffee statt Tinte haftet. Das ist nicht nur außerordentlich hübsch und poetisch, sondern auch praktisch: So können Sie auf dem ganzen Tischtuch Flecken hinterlassen und als kreativer Künstler Eindruck schinden. Niemand wird es wagen, mit Ihnen zu schimpfen.

Coffee Writing Spoon
www.juliamariscal.com/writingspoon/writingspoon.php

FLIEGENDE GABEL

Einen Löffel für die Mama. Einen Löffel für den Papa... Nun gibt es eine zuverlässige Waffe für den täglichen Kampf mit dem Essen: Diese Flugzeug-Gabel macht jede Mahlzeit zum Abenteuer. Sie brauchen nur noch Ihr Vokabular zu ändern: Statt „Mittagessen" heißt es ab sofort „Nachschub besorgen", statt „Gemüsesuppe" sagen Sie „Kerosin" und schon ist der Mäkelfritze wieder bei der Sache. Und sollte Ihr Sprössling irgendwann keine Lust mehr auf Loopings haben, gibt es zahlreiche weitere Gabel-Alternativen. So kann er mit der Freunde-Gabel neue Kumpels finden, mit der Dino-Gabel zum Paläontologen, mit der Bagger-Gabel zum Bauarbeiter und mit der Lego-Gabel wieder zum kleinen Kind werden...
Preis: 8,99 €.

Air Fork One
www.sibyllle.ch

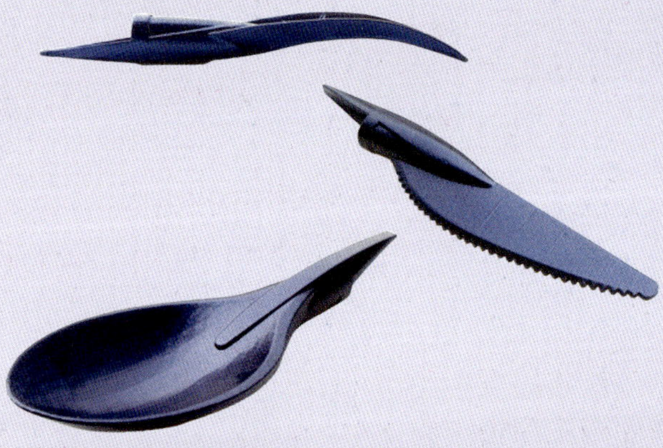

SPAGHETTIWICKLER

Während die unter 20-jährigen noch nie davon gehört haben dürften, werden sich alle, die in ihrer Kindheit das legendäre Comic-Magazin „Yps" gelesen haben, noch an die Spaghettiwickelgabel erinnern. Wenngleich diese eher einer kleinen Handbohrmaschine ähnelte... Irgendetwas lässt uns vermuten, dass der Erfinder dieser motorisierten Gabel des 21. Jahrhunderts früher auch einmal Yps-Agent gewesen sein muss, der sein ganzes Taschengeld für Urzeitkrebse, Plastikzelte und Solar-Zeppeline ausgab. Die Gabel, mit der sich Spaghetti dank einer kleinen Mignon-Batterie ohne eine einzige Handbewegung aufwickeln lassen, ist definitiv das höchste der Gefühle!
Preis: $8.99.

Twirling Spaghetti Fork
www.perpetualkid.com

ESSEN IM BÜRO?

Kauen Sie auch immer auf Ihren Stiften herum, wenn Sie nach einer zündenden Idee suchen? Oder haben Sie gerade einen Bärenhunger, hassen es aber mit den Fingern zu essen? Dann ist das Din-Ink-Besteck genau das Richtige für Sie: simple Stiftkappen in Form von Messer, Gabel und Löffel, die perfekt auf jeden Stift passen. Allerdings sollten Sie aufpassen, dass Sie nicht aus Versehen ein Stück vom Kuli abbeißen und versuchen, mit der Gabel zu schreiben... Die Stiftkappen sind aus ungiftigen, vollständig biologisch abbaubaren Materialien hergestellt und bis 105 C° hitzebeständig. Sie sind Preisträger des „Macef Design Award 2008", allerdings noch nicht im Handel erhältlich.

Silverware Pen Caps
www.designboom.com/macef08.html

DAS LEBEN IST EINE BAUSTELLE

Was tut man nicht alles, um die Kleinen dazu zu bewegen, ihren Teller brav aufzuessen! Da kann man den guten alten Spruch „Mit Essen spielt man nicht" schon mal geflissentlich vergessen. Dieses Besteck für alle angehenden Bauarbeiter verwandelt Messer, Gabel und Löffel in Bagger, Kipper und Planierraupen. Damit bekommen selbst die hartnäckigsten Essensverweigerer wieder Appetit, wenngleich der Tisch nach Schichtende wie eine echte Baustelle aussehen dürfte!
Preis: $ 19.95.

Constructing Eating Utensils
www.amazon.com

KATAPULT-LÖFFEL

Sie zählen sich nicht zur Kategorie der „Spießer-Eltern"? Dann brauchen Sie unbedingt den „Zing spoon"! Endlich müssen Sie nicht mehr ewig rufen, bis die Rasselbande am Tisch sitzt. Mit dem Katapult-Löffel wird das Mittagessen zum Gesellschaftsspiel, noch dazu mit sportlicher Komponente. Eine allemal effektivere Methode, als die Kinder ständig zu belehren, dass man kein Essen wegwerfen darf, wenn eine Milliarde Menschen auf der Welt Hunger leidet... Die Löffel sind in fünf Farben erhältlich. Der Hersteller weist allerdings darauf hin, dass das Löffelschnipsen Lebensmittelspuren an Wänden und Möbeln hinterlassen kann und lehnt jede Haftung ab... So ein Spielverderber!
Preis: $ 9.95.

Zing! Spoon
www.pa-design.com

FINGER FOOD
www.worldwidefred.com/fingerfood.htm

VOM FINGER IN DEN MUND

Oh Gott, wie peinlich, wenn beim Geschäftsessen die Olive auf dem Sakko des Vorgesetzten landet oder beim Begrüßen der Frau Gattin das Weinglas in Schräglage gerät... Wie gefahrenvoll gestaltet sich auch der Rückweg vom Buffet, mit einem randvollen Glas in der einen Hand und einem Teller aufgetürmter Häppchen in der anderen, möglichst mit einem natürlichen Lächeln auf den Lippen. Diese neue Erfindung dürfte auf den Cocktail- und Dinnerparties dieser Welt Furore machen. Denn der Teller-Ring sieht nicht nur schön und elegant aus, sondern er hält Ihnen endlich eine Hand frei, damit Sie ausgiebig, entspannt und lauthals lachend die Hände anderer Gäste schütteln oder in aller Ruhe die Rosinen vom Teller Ihres Nachbarn picken können.

Preis: $ 10 pro Set à 10 Teller.

GUT ZU WISSEN: DIE TELLERRINGE SIND ABWASCH- UND WIEDERVERWENDBAR.

SHOE-SHAPED ATTACHABLE COASTERS

www.charmconnect.com/Drinkware

COCKTAILS AUF LEISEN SOHLEN

Auch im 21. Jahrhundert gibt es noch Vieles, was noch unerforscht und unversucht geblieben ist. Werfen Sie doch beispielsweise einmal einen Blick auf den Fuß Ihres Weinglases: rund, durchsichtig, zum Schreien langweilig. Doch zum Glück gibt es noch innovative Köpfe, die dafür sorgen, dass Farbe ins Leben kommt. Ab sofort können Sie die Füße Ihrer Wein- und Cocktail-Gläser mit Flip-Flops, Turnschuhen, Plateausandalen oder Schwimmflossen (Schuhe für die Füße, darauf muss man erst mal kommen!) und sogar Stoffpüppchen oder Plüschtierchen schmücken... Diese Accessoires sind der Hingucker auf jeder Party!

Preis: $ 25 pro Set à 2 Glasuntersetzer, auch im Viererset erhältlich.

DIE GLÄSERSCHÜHCHEN KÖNNEN ALS UNTERSETZER ODER EINFACH ALS DEKORATION VERWENDET WERDEN (DAS GLAS WIRD EINFACH IN EINE LASCHE GESCHOBEN).

CALF & HALF CREAMER

www.lizgouletdubois.com

FRISCHMILCH

Beim Frühstück scheiden sich bekanntlich die Geister. Während die Einen direkt auf der Arbeitsplatte schnell eine Scheibe Brot schmieren, zelebrieren die Anderen die Morgenstunden im Familienkreis, mit vollen Müslischalen, frischen Marmeladenbrötchen, dampfendem Kaffee und heißem Kakao... Wenn Sie zur zweiten Kategorie gehören, dann ist diese Milchkanne definitiv etwas für Sie. Auf den ersten Blick scheint sie nicht weiter ungewöhnlich. Erst beim Eingießen offenbart sich langsam ein Kuheuter, das sich immer mehr mit Milch füllt. Stellen Sie sich vor, welche Augen Ihre kleinen Engel am Frühstückstisch machen werden!

Preis: 22 €.

ANLIEGEN DER ERFINDERIN VON HALF & CALF IST ES, DAS BEWUSSTSEIN FÜR DIE „ENTKÖRPERLICHUNG DER LEBENSMITTEL" IN UNSERER KONSUMGESELLSCHAFT ZU SCHÄRFEN. KEIN SCHLECHTER DENKANSTOSS...

SOOK
www.fiveminutesteep.com

DIE KÜCHE DER ZUKUNFT

Darf ich vorstellen: „Sook", Ihre neue Küchenhilfe. Sook ist ein Universalgenie. Die Platte: Schneidebrett und Waage zugleich. Sook ist in der Lage, Lebensmittel zu analysieren und Verbindung mit dem Internet aufzunehmen. Die Basis-Station erfasst alle Lebensmittel in Ihrer Küche und stellt automatisch Rezeptvorschläge zusammen. Ist Sook erst einmal richtig programmiert, kann er (oder sie?!) alle Menüs an Ihre Bedürfnisse (cholesterinarme Ernährung, Übergewicht etc.) oder kulinarischen Vorlieben anpassen. Außerdem ist Sook außerordentlich lernfähig und hat auch keine Angst vor Spülmittel. Eine wahre Freundin eben!

MIT DER ZUTATEN-ANALYSE-FUNKTION ERFAHREN SIE ENDLICH DIE GEHEIMNISSE IHRES LIEBLINGSKOCHS: EINFACH LIEBLINGSESSEN AUF SOOK LEGEN UND REZEPT AUF DEM DISPLAY ABLESEN. SCHNIPPELN MÜSSEN SIE ALLERDINGS IMMER NOCH SELBST...

back
new recipe
ingredients
2 cups pasta
1 lb. ground beef
1 jar tomato sauce
2 tomatos
recipe
1. Bring water to a boil
2. Add pasta
3. head sauce in pot
4. Dice tomatoes and add
5. Cook ground beef in pan
6. Cook till brown
7. Drain grease from pan
8. Add beef to sauce
9. Strain pasta
10. Serve meal
add spice
add item
trash
Electrolux

WAKE N' BACON

www.mathlete.com/portfolio/wakeNbacon.php

SÜSSES ERWACHEN

Gibt es etwas Unangenehmeres als das Piepen eines Weckers am frühen Morgen? Dieser perfide, quälende Ton, der das Trommelfell malträtiert und jeden noch so schönen Traum unsanft beendet? Vorbei die Zeiten, als Sie noch von Mamas zarter Stimme und dem Duft frischer Brötchen geweckt wurden, als jeder Tag mit einem Lächeln am Frühstückstisch begann... Um dieses Gefühl wieder zu erleben, müssen Sie allerdings nicht gleich auf Ihre Unabhängigkeit verzichten. Eine Erfindung von drei Amerikanern macht's möglich: „Wake n'bacon", ein Wecker, in den Sie vor dem Zubettgehen einfach eine tiefgefrorene Scheibe Schinken schieben. Am Morgen schaltet sich rechtzeitig ein integrierter Grill ein, damit Sie pünktlich und sanft von verführerischem Schinkengeruch geweckt werden.

DER SCHINKEN WIRD DURCH HALOGENLAMPEN, DIE IN DEN WECKER EINGEBAUT SIND, GEGRILLT. SOLLTEN SIE EHER SÜSSE WECKGERÜCHE BEVORZUGEN, PROBIEREN SIE ES DOCH EINFACH MIT SCHOKOLADE!

8 12

FLATSHARE FRIDGE
www.electroluxdesignlab.com

DER (FAST) PERFEKTE MITBEWOHNER

WGs sind die beste Schule fürs Leben. Spätestens hier lernt man zu teilen und seinen Mitmenschen mit Respekt zu begegnen. Einfach toll. Das einzige Problem war bislang der Kühlschank: „Wer hat sich an meinem Schokopudding vergriffen?", „Wem gehört der verschimmelte Käse hier??" Endlich hat auch das Kreischen entnervter Mitbewohner ein Ende. Dank Stefan Buchberger und seinem WG-tauglichen Kühlschrank. Dieser besteht aus mehreren individuellen und stapelbaren Modulen (von unterschiedlicher Farbe und Ausstattung), die absolut unabhängig voneinander funktionieren, sodass jeder seinen Frei- bzw. Kühlraum hat, den er nach Belieben bestücken und im Falle eines Umzugs auch mitnehmen kann. Wenn man die einzelnen Module nun auch noch abschließen könnte, wäre das Gerät perfekt. Denn schließlich weiß man ja nie...

DER WG-KÜHLSCHRANK WURDE FÜR DEN „ELECTROLUX DESIGN LAB 2008" ENTWORFEN, WO ER DEN ERSTEN PREIS GEWANN.

Electrolux

KÜCHEN UND KÖCHE

3

Die Zubereitung von Speisen als „Kunst" zu bezeichnen, war lange Zeit keine Selbstverständlichkeit. Erst seit den 70er Jahren und der revolutionären „Nouvelle Cuisine" sind die Begriffe Kochkunst und Kochkünstler in aller Munde. Seitdem gilt Küche nicht mehr nur als eine Frage des Geschmacks, sondern auch als ästhetische Herausforderung. Viele moderne Köche hegen eine Leidenschaft für die Malerei, einige vertrauen

Wer nicht wenigstens ein bisschen von Zauberei versteht, sollte das Kochen besser lassen.

COLETTE

bei der Kreation neuer Gerichte gar auf die tatkräftige Unterstützung kulinarischer Designer. So hat der Gast von heute die Möglichkeit, im als Krankenhaus aufgemachten Restaurant seine Cocktails aus dem Tropf zu genießen, im schaurigen Ambiente eines Gefängnisses zu Abend zu speisen oder das gleiche Menü wie das eines Todeskandidaten zu bestellen… Inszeniert wird heutzutage einfach alles, selbst der schlechte Geschmack.

FERRAN ADRIÀ / ELBULLI

www.elbulli.com

FERRAN ADRIÀ

Sein Restaurant elBulli im spanischen Rosas wurde seit 2006 fünf Mal zum besten Restaurant der Welt gekürt. Der 47-jährige Katalane Ferran Adrià gilt als das Küchengenie des neuen Jahrtausends, als „Picasso am Herd", als der „Papst der Molekularküche"... Er selbst schwört bei allem, was ihm heilig ist, dass seine Küche ganz einfach... avantgardistisch sei. Sechs Monate eines Jahres ist Ferran Adrià damit beschäftigt, in seinem Kochlabor die 160 Gerichte auszutüfteln, die er seinen Kunden während der darauffolgenden sechs Monate kredenzen wird. Seine Berühmtheit verdankt er insbesondere seinen Espumas, diesen leichten Schaumkreationen, die mit Hilfe eines Siphons aufgeschäumt werden, und dem Einsatz des Sphärisierungsverfahren, bei der Flüssigkeiten in Sphären umgewandelt werden – Techniken, die ihn vor allem und in erster Linie als Kochkünstler auszeichnen.

Preis: 230 € pro Person.

DAS EL BULLI IST NUR SECHS MONATE IM JAHR GEÖFFNET. AUS DEN CA. 2 MILLIONEN RESERVIERUNGEN WERDEN 8.000 GLÜCKLICHE AUSGEWÄHLT, DIE IN DEN GENUSS KOMMEN, EINES DER ÜBER VIER STUNDEN DAUERNDEN UND AUS 32 BIS 36 EINZELNEN GERICHTEN BESTEHENDEN MENÜS DES KATALANISCHEN GENIUS ZU GUSTIEREN.

ACHATZ GRANT / ALINÉA

www.alinea-restaurant.com

ESSEN WIE GOTT IN CHICAGO

Hauchdünne Schinkenscheiben, aufgehängt an aparten Metallgestellen. Hauptspeisen, serviert auf parfümierten Kissen. Blattgemüse, an der Fackel gegrillt. Kalte Kartoffelsuppe an einem Spieß aus Parmesan, heißer Kartoffel und Trüffeln, die beim Abziehen des Spießes in die Suppe fallen und einen exzellenten Kontrast von heiß und kalt ergeben... Wir befinden uns in Achatz Grants Restaurant „Alinéa" in Chicago, das Ferran Adrià höchstselbst einmal als das „amerikanische elBulli" bezeichnete. Hier werden Sie keinen einzigen Teller auf dem Tisch finden, denn jedes Gericht wird in einem eigens entworfenen Behältnis aufgetragen. Dennoch besteht kein Grund zur Panik, denn die Bedienung wird Sie gern in die Wissenschaft des Verspeisens dieser kleinen Meisterwerke einweisen...

Preis: $ 145 für 12 Gerichte bzw. $ 225 für 24 Gerichte.

ACHTUNG: HIER WIRD DAS ESSEN IN VOLLEN ZÜGEN ZELEBRIERT. SIE SOLLTEN ALSO GUTE 3 BIS 6 STUNDEN FÜR IHREN RESTAURANTBESUCH EINPLANEN.

FRÉDÉRIC ANTON / PRÉ CATELAN
www.restaurant-precatelan.com

AUF DEN PUNKT

Wer Tomaten mit Mozzarella bestellt, erwartet in der Regel ein paar dünne Tomaten- und Mozzarellascheibchen, die mehr oder weniger ansprechend im Wechsel angerichtet sind. Vergessen Sie diese profane Beliebigkeit und bewundern Sie das Werk des Künstlers: Herzlich willkommen im Drei-Sterne-Restaurant „Pré Catelan" bei Küchenchef Frédéric Anton! Dieser widmet sich in seiner Freizeit der abstrakten Malerei und ist offensichtlich auch ein Bewunderer des Pointillismus. Seine Tomate-Mozzarella-Kreationen sind jedenfalls wahre Kunstwerke: Auf transparentem Gelée prangen kleine Farbtupfen – rot für Tomate, weiß für Mozzarella und grün für Basilikum. Und trotz des abstrakten Äußeren erweist sich der Geschmack dieses Gerichts als außerordentlich konkret. Frédéric Anton, der König des Minimalismus, verarbeitet selbst die kostbarsten Zutaten auf die gleiche Weise: Mit seinem Hummergelee an Kaviar oder Foie Gras erleben Antons Gäste kulinarische Sternstunden..

Preis: 70 € für eine Portion Tomate-Mozzarella.

HESTON BLUMENTHAL / THE FAT DUCK
www.fatduck.co.uk

EXPERIMENTIERKÜCHE

Ein Menü mit Schinken und Ei abzuschließen, ist nicht gerade üblich. Genau dies empfiehlt jedoch Heston Blumenthal, Chef des englischen Restaurants „The Fat Duck", das sein Renommee eben diesem Eis mit Räucherschinken und Ei zu verdanken hat. Im Jahr 2005 wurde es zum „besten Restaurant der Welt" gekürt und seit 2004 hält es drei Michelin-Sterne. Selbstverständlich sind Blumenthals Kreationen kein wilder Geschmacksmischmasch, sondern gekonnte, auf den Erkenntnissen der Molekularküche basierende Kreationen. Zum Schinkeneis gibt es Pain Perdu und Tee-Gelee. Und direkt im Anschluss wird ein Tee gereicht, der zur Hälfte heiß und zur anderen kalt ist, in einem einzigen Glas!

Preis: ab 100 £.

IM FEBRUAR 2009 MUSSTE „THE FAT DUCK" LEIDER FÜR ZWEI WOCHEN SCHLIESSEN, DA EINER SEINER GÄSTE EINE LEBENSMITTELVERGIFTUNG ERLITTEN HATTE. DIE URSACHE FÜR DIESE VERGIFTUNG LIESS SICH ALLERDINGS NICHT ERMITTELN.

MARIJE VOGELZANG / PROEF DESIGN RESTAURANT

http://english.proefamsterdam.nl

KULINARISCHE ÄSTHETIK

Heutzutage werden nicht mehr nur Möbel designt, sondern auch Lebensmittel. Die Niederländerin Marije Vogelzang ist Designerin für kulinarische Köstlichkeiten und hat bereits für zahlreiche internationale Marken (Hermès, BMW) gearbeitet. Ihre Kreationen sind in ihren „Proef"-Restaurants (was so viel heißt wie „probier's aus") in Rotterdam oder Amsterdam für jedermann erhältlich. Dort setzt sie die unterschiedlichsten Themen in Szene, die sie zuvor in ihrem Atelier entworfen hat, so beispielsweise ein aus mehreren Häppchen bestehendes Menü, das in einem vorgegebenen Trommelrhythmus gegessen werden soll oder ein Gericht, bei dem die Gäste zwei Tellerhälften mit demselben Inhalt erhalten und einen Partner finden sollen, um den Inhalt miteinander zu teilen und das Gericht zu vervollständigen.

Preis: 39 € pro Menü.

MARIJE VOGELZANG BESCHÄFTIGT SICH NICHT NUR MIT KULINARISCHER ÄSTHETIK, SONDERN AUCH MIT UNSEREN GEFÜHLEN FÜR LEBENSMITTEL. EBEN DIESE IDEEN HAT SIE IN IHREM BUCH „EAT LOVE" GENAUER DARGELEGT.

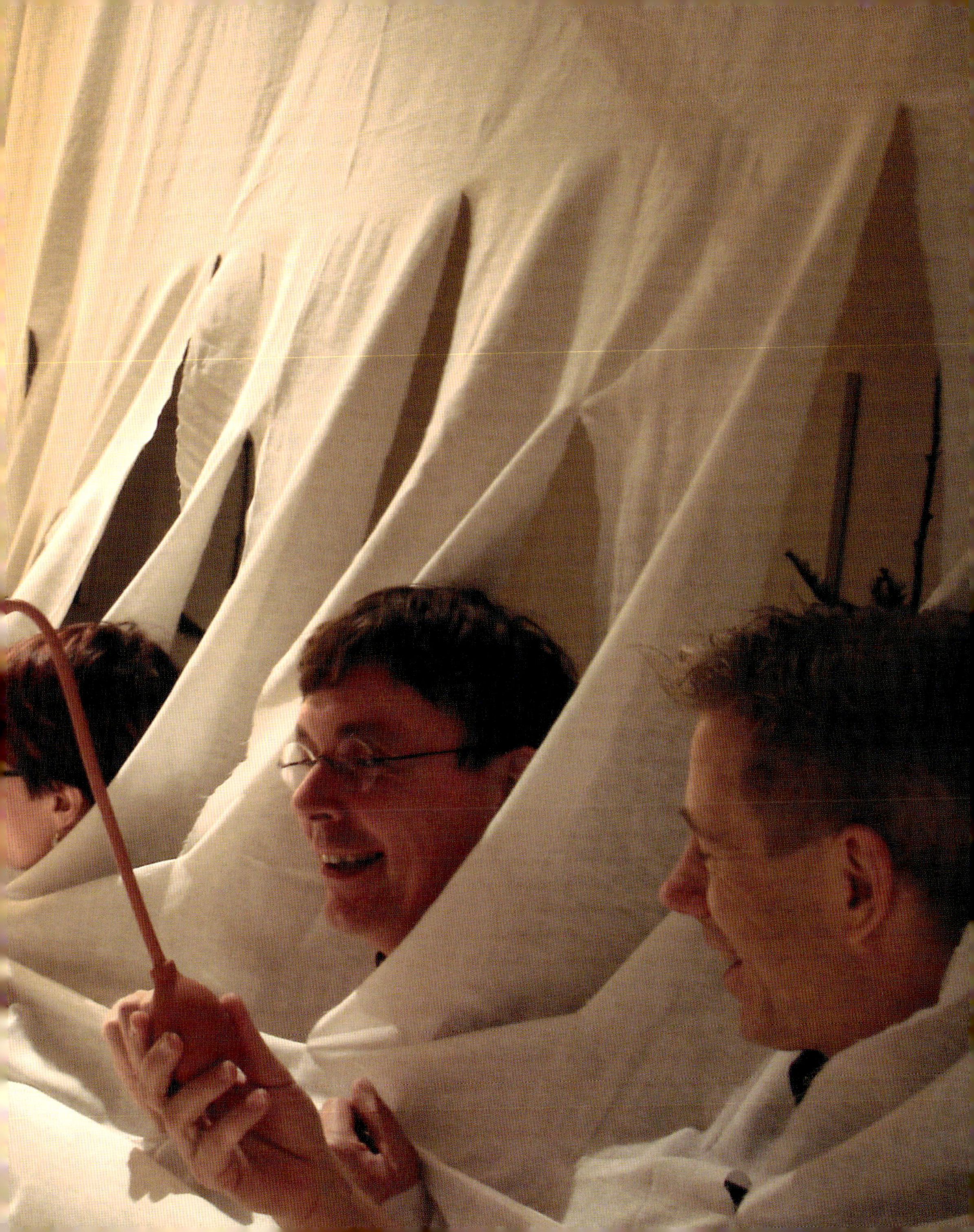

CHRISTOPHE ADAM / FAUCHON
www.fauchon.com

NEUER SCHWUNG FÜR ALTE KNOCHEN

Was darf's zum Kaffee sein? Das Eclair – in Frankreich das Traditionsgebäck schlechthin – kannte man lange bislang nur in der bewährten Doppeldeckerform – bis Christophe Adam kam. Um den alten Liebesknochen aufzupeppen, hat der Chefkonditor der Luxuskonditorei „Fauchon" einige neue Geschmacksrichtungen kreiert, beispielsweise Erbse/Lachs, Foie Gras/Nuss, Curryhühnchen oder Lachs/Mandarine und – für alle Schleckermäulchen – den „Madame Joconde"-Eclair (mit Schokoladen-Mandelfüllung und dem Augenaufschlag der Gioconda als Glasur). Christophe Adams Kreativität kennt keine Grenzen. Ähnlich wie die großen Modedesigner entwirft auch er jede Saison eine neue Kollektion. Mittlerweile sind es bereits über 34 neue Geschmacksrichtungen in den appetitlichsten Kleidchen...

Preis: ab 5 €.

ZU CHRISTOPHE ADAMS KREATIONEN ZÄHLT AUCH DAS GLITZERNDE „EINTAGSECLAIR" MIT SCHOKO-BROMBEER-GESCHMACK, DAS AUSSCHLIESSLICH ZUR SILVESTERFEIER AM 31. DEZEMBER VERKAUFT WIRD.

FAUCHON

BEAUTY AND SPA

DURCH DIE BLUME

Das Hotel „U Sladka" bietet seinen Gästen ein Schaumbad der besonderen Art. Seine Ingredienzien: Hefe, Malz und Hopfen. Dem Hotelbesitzer zufolge besitzt das 34°C warme Bierbad wahre Heilkräfte. So soll das Wundergebräu die Haut reiner und zarter machen. Aber auch all jene, deren Haut ohnehin schon glatt wie ein Babypopo ist, kommen auf ihre Kosten, denn das alkoholische Getränk wirkt auch bei Muskelverspannungen, Gelenkproblemen und geschwächtem Immunsystem. Aber Vorsicht: Dieses Wellness-Erlebnis hat einen erhöhten Suchtfaktor! Es gibt noch zwei weitere Einrichtungen in Österreich (www.moorhof.com) und Deutschland (www.bierschwimmbad.com), die solche Bierbäder anbieten.

Beer Spa
www.chodovar.cz

Kleopatra soll ja bekanntlich in Eselsmilch gebadet haben, um ihre verführerischen Reize zu bewahren. Nicht ganz so alt und auch weniger luxuriös sind die Schönheitsrezepte unserer Großmütter, die ihre Lockenpracht mit Ei oder Bier pflegten. Und wer kennt nicht die klassische Gurkenmaske? Lebensmittel wurden schon immer zur Schönheitspflege verwendet. In den vergangenen Jahren hat sich die Naturkosmetik allerdings zu einem wahren Modetrend entwickelt. Mittlerweile sind unzählige Kaviarcremes, Kakaobuttermasken und Spa-Produkte mit Schokoladenkomponente auf dem Markt. Und in der Tat enthalten viele Lebensmittel

kosmetisch wirksame Substanzen: Kaviar beispielsweise, die neue Schockwaffe gegen Hautalterung, ist besonders reich an Aminosäuren, Proteinen und Spurenelementen. Das heißt natürlich nicht, dass Sie sich das Gesicht mit Störeiern zukleistern sollen (eine kostspielige Angelegenheit bei einem Preis von 3.700 € pro Kilo, vom Fischgestank ganz zu schweigen...). Schließlich gibt es zahllose Cremes und Masken mit Kaviarkomponente, die eine hautverjüngende Wirkung versprechen. Und auch dafür können Sie noch genügend Geld ausgeben, denn ein 100 ml-Döschen kostet ungefähr 500 €! Einer der großen Renner in der Kosmetikbranche ist die Schokolade, die mittlerweile in kaum einem Produkt mehr fehlen darf, denn sie enthält zahlreiche von den Schönheitsexperten hochgelobte Substanzen, wie Antioxidanzien und Proteine, bindet freie Radikale und versorgt die Haut mit Feuchtigkeit! Vor allem aber ist sie das perfekte Verjüngungsmittel: In ein Schokoladenbad einzutauchen ist, als begäbe man sich auf eine Zeitreise zurück in die Kindheit, wo der Finger im Nutellaglas und der Löffel in Mamas Kuchenkuvertüre das Paradies auf Erden waren... Prousts „Madeleine" lässt grüßen! Eine willkommene Gelegenheit für alle Naschkatzen, ein süßes Stündchen zu verbringen, ohne auch nur ein Gramm zuzunehmen. Luxuria, Superbia und Gula – so lautet das sündhafte Trendrezept für ewige Schönheit!

WELLNESS FÜR HAUT UND MAGEN

Die japanische Wellness-Oase „Yunessun" könnte man durchaus mit einer überdimensionalen Speisekammer vergleichen. Dieses Spa-Resort bietet Ihnen originelle Badeerlebnisse mit ess- und trinkbaren Badezusätzen! Für alle Durstgeplagten empfehlen sich hautpflegende Sake-Bäder, Grünteebäder mit hohem Antioxidanziengehalt zur Stärkung des Immunsystems, Kaffeebäder, die Ihre Lebensgeister wecken, oder Weinbäder, denen man eine verjüngende Wirkung nachsagt. Wer Badezusätze von festerer Konsistenz bevorzugt, kann die Fischbecken ausprobieren, in denen sich Rote Saugbarben und Doktorfische tummeln und aufgeweichte Hautreste knabbern, oder im Nudelsuppen-Whirlpool „Ramen" mit hauterfrischender Pfefferkomponente untertauchen.
Wussten Sie's schon? In Japan haben Thermalbäder, die sogenannten „*Onsen*", eine lange Tradition. Und wenngleich die Japaner im Allgemeinen als prüde gelten, wird in diesen *Onsen* nackt gebadet. Aber keine Angst: Da Yunessun keine Traditionstherme ist, dürfen Sie Ihren Badeanzug ruhig anbehalten, um sich vor den kleinen Knabberfischen zu schützen...
Preis: 4.000 Yen (25 €).

Yunessun Spa
www.yunessun.com/english

'S BAGGERS
www.sbaggers.de

ACHTERBAHN DER GENÜSSE

Das im Sommer 2007 in Nürnberg eröffnete „S' Baggers" ist das erste vollautomatische Restaurant der Welt. In einem eigenwilligen Einrichtungsstil, irgendwo zwischen Dorffest und Star-Trek, präsentiert es uns seine Vision vom Gastgewerbe der Zukunft: Abgesehen vom Empfang findet zwischen Gast und Personal keinerlei Kontakt statt. Bestellung und Bezahlung werden über Touch-Screens abgewickelt, die an jedem Tisch installiert sind, die Speisen kommen auf einer Art Mini-Achterbahn auf Schienen angefahren und die verbleibende Wartezeit wird Ihnen stets aktuell auf dem Bildschirm angezeigt. Wie praktisch!

Preis: zwischen 3 € und 10 € pro Häppchen.

DIE RESTAURANTKÜCHE, IN DER ÜBRIGENS ZWEI LEIBHAFTIGE KÖCHE AUS FLEISCH UND BLUT ARBEITEN, BEFINDET SICH IN DER OBEREN ETAGE, DAMIT IHRE BESTELLUNG AUF DEM SCHNELLSTEN WEG AUF IHREN TISCH RUTSCHEN KANN!

's Baggers
's Baggers

TOILET BOWL
www.gadling.com/2007/10/29/the-toilet-restaurant

ESSEN AUF DER SCHÜSSEL

„Suche Badezimmer, das groß genug ist, um darin zu speisen". Die taiwanesische Restaurantkette Toilet Bowl hat die Toilette ins Zentrum ihres Konzepts gestellt und damit offenbar einen guten Riecher bewiesen. Statt auf Stühlen nehmen die Gäste in diesen Restaurants auf den bunt designten Klodeckeln Platz. Die Teller haben die Form von Mini-Toiletten und unter den Glastischen befinden sich Waschbecken. Die Wände zieren Dusch- und Pissoirbeleuchtungen, und auch die Speise- und Getränkenamen enthalten zahlreiche Anspielungen auf das stille Örtchen... Mittlerweile gibt es in Taiwan bereits ein Dutzend solcher Restaurants, darunter einige mit hundert Toiletten.

×××

STUCKLI SKY DINING OPEN

www.sattel-hochstuckli.ch/sitesNeu/spring/open_sky_dinner.php

×××

DAS HÖCHSTE DER GEFÜHLE

Wenn man heutzutage in Toiletten-Restaurants dinieren kann, warum dann nicht auch in einer Seilbahn? Wir präsentieren Ihnen das erste drehbare Restaurant der Welt! Hier werden Ihnen im Sommer kulinarische Köstlichkeiten serviert, egal ob Sie als Gruppe (max. acht Personen) kommen wollen oder ein romantisches Tête-à-Tête planen. Während des Essens können Sie in aller Ruhe die traumhafte Aussicht und den schaukelnden Rhythmus der Drehkabine genießen. Und immer, wenn Sie wieder an der Talstation ankommen – insgesamt fahren Sie nämlich vier Mal hoch und wieder runter – wird der nächste Gang aufgetischt. Diesen Zwischenstopp sollten Sie unbedingt nutzen, um das stille Örtchen aufzusuchen, denn dies dürfte sich unterwegs schwierig gestalten. Der Restaurantbesuch der besonderen Art ist allerdings nicht für jedermann geeignet: Man sollte schon schwindelfrei sein, keine Höhenangst und nach Möglichkeit auch keine Eheprobleme haben...

Preis: zwischen 90 und 130 € pro Person.

DINNER IN THE SKY
www.dinnerinthesky.com

HIMMEL HILF!

„Sie haben Ihr Ziel erreicht." Exakt 50 Meter über dem Meeresspiegel und den Dächern Brüssels, unmittelbar neben der dritten Wolke links lernt Ihre Paella das Fliegen... An diesem „Dinner in the Sky" können neben den Elementen Sonne und Wind noch zwanzig weitere Gäste teilhaben. Die atemberaubende Aussicht ist im Preis inbegriffen. Für größere Anlässe kann der gastronomische Kran auch in andere Winkel Europas verlagert werden. Und alle, die auf derartige Höhenflüge gar nicht mehr verzichten wollen, können das Hebefahrzeug auch käuflich erwerben!

Preis: etwa 9.000 € pro Menü à 20 Personen.

DAS BELGISCHE UNTERNEHMEN BIETET SEINEN GÄSTEN SELBSTVERSTÄNDLICH AUCH EIN MUSIKALISCHES RAHMENPROGRAMM. GEGEN EINEN ENTSPRECHENDEN AUFPREIS SORGT EIN ZWEITER KRAN DAFÜR, DASS DIREKT NEBEN IHREN GÄSTEN EIN FLÜGEL SAMT PIANIST SCHWEBT...

POL

DANS LE NOIR ?
www.danslenoir.com

DIE DUNKLE SEITE DER GASTRONOMIE

Das 2004 eröffnete Pariser Bar-Restaurant „Dans le Noir?" bietet seinen Gästen eine außergewöhnliche Erfahrung: Trinken und Essen in völliger Dunkelheit. Hier erhalten sie einen „Einblick" in die Sinneswelt blinder Menschen und erleben ein Essen von völlig neuer Qualität. Die vorübergehend erblindeten Gäste werden von blindem Personal empfangen, geführt und bedient. Die Menüs, die in dieser ungewohnten und spannenden Umgebung serviert werden, sind voller Überraschungen. Eine Erfahrung, auf die man sich voll und ganz einlassen muss, denn jegliche Lichtquellen (Handys, Feuerzeuge, Uhren) sind am Eingang abzugeben.

Preis: zwischen 37 und 43 €.

DIE RESTAURANTKETTE „DANS LE NOIR?" HAT AUCH ZWEI NIEDERLASSUNGEN IN LONDON UND MOSKAU.

LENTIL AS ANYTHING

www.zebrano-bar.com

DER REST IST FÜR SIE!

Kapitalisten aller Länder, die Ihr Euer Heil nur im Profit sucht und glaubt, was nichts kostet, sei nichts wert, seid gewarnt: Die Hydra der Revolution lauert bereits auf Euren Tellern! So auch in diesem Londoner Restaurant, das seit dem vergangenen Sommer ein Mal pro Woche ein Menü ohne Rechnung serviert. Das Konzept ist denkbar einfach: Sie bestellen, essen und erhalten anschließend eine Liste, in der aufgeführt ist, was Sie verspeist haben. Wie viel Sie sich nun Ihren Restaurantbesuch kosten lassen, bleibt allein Ihnen überlassen, denn Sie bestimmen den Preis! Eine ausgezeichnete Idee, um den Bekanntheitsgrad des Restaurants zu steigern. Und offensichtlich sind die Gäste weniger knauserig, als man denken würde: Die Aktion ist gerade in die zweite Runde gegangen!

DAS KONZEPT BEZIEHT SICH ALLERDINGS NICHT AUF GETRÄNKE, DA DIE RESTAURANTCHEFS KEINESFALLS ÜBERMÄSSIGEN ALKOHOLKONSUM FÖRDERN WOLLEN. EINE BERLINER WEINBAR HAT DIESE IDEE AUFGEGRIFFEN: HIER KÖNNEN DIE GÄSTE NACH EINER ANZAHLUNG VON EINEM EURO SELBST ENTSCHEIDEN, WIE VIEL SIE ZAHLEN WOLLEN. IN VINO VERITAS!

STORCHEN RESTAURANT
www.telegraph.co.uk

MUTTIS BESTE

Beim Betrachten seiner stillenden Frau kam ihm die Idee wie eine Offenbarung: Warum sollte dieses kostbare Getränk eigentlich nur Säuglingen vorbehalten sein? Begeistert machte sich der Schweizer Restaurantbesitzer Hans Locher daran, seinen Geistesblitz in die Tat umzusetzen und Muttermilch zur Spezialität des Hauses zu machen. Sein Versuch, über Kleinanzeigen Milchspenderinnen zu gewinnen (sein Angebot: 10 € pro Liter!) rief allerdings die Schweizer Behörden auf den Plan, die sein Vorhaben untersagten und drohten, ihn wegen „Handels mit menschlichen Erzeugnissen" zu belangen. Und aus der Traum...

EINE JAPANISCHE DESIGNAGENTUR HAT ZUM SCHERZ EINE TÄUSCHEND ECHTE „MUTTERMILCHPACKUNG" ENTWORFEN, DIE VON DER INTERNETSEITE DER FIRMA HERUNTERGELADEN, AUSGEDRUCKT UND ZUSAMMENGEBASTELT WERDEN KANN. AUF DIE REAKTIONEN IHRER GÄSTE DÜRFEN SIE GESPANNT SEIN!

xxxxxxxxxxxxxxxxxxxxxxxxxxxxxxxxxxxxxxxxxxxxxxxx

PRISON RESTAURANT

www.volterratur.it

xxxxxxxxxxxxxxxxxxxxxxxxxxxxxxxxxxxxxxxxxxxxxxxx

UNTER STRENGER BEWACHUNG

Es ist eines der gefragtesten Restaurants Italiens. Um einen der 120 Teller, die abendlich serviert werden, zu ergattern, muss man mindestens einen Monat im Voraus reservieren. Hier kommt so schnell niemand rein, und das nicht ohne Grund. Denn dieses Restaurant ist ein Gefängnis, das sich direkt in der prächtigen Medici-Festung in Volterra, nahe Pisa, befindet. Hier sind ausnahmslos alle Angestellten – vom Kellner über die Köche und den Barpianisten bis hin zum Kellermeister – Gefängnisinsassen, und zwar durchaus keine kleinen Fische (nicht wenige unter ihnen sind ehemalige Mafiagangster oder Mörder). Durch diese Resozialisierungsmaßnahme sollen sie auf ihr Leben nach der Haft vorbereitet werden. Selbstverständlich wird das Dinieren von strengen Sicherheitsmaßnahmen begleitet: Überall befinden sich Überwachungskameras und Wachposten, die Gäste müssen sich ausweisen sowie ihre Handys, Taschen und Ausweispapiere am Eingang abgeben.

Preis: ab 25 €.

DAMIT NIEMAND AUF FALSCHE GEDANKEN KOMMT, WIRD HIER AUSSCHLIESSLICH MIT PLASTIKBESTECK GESPEIST.

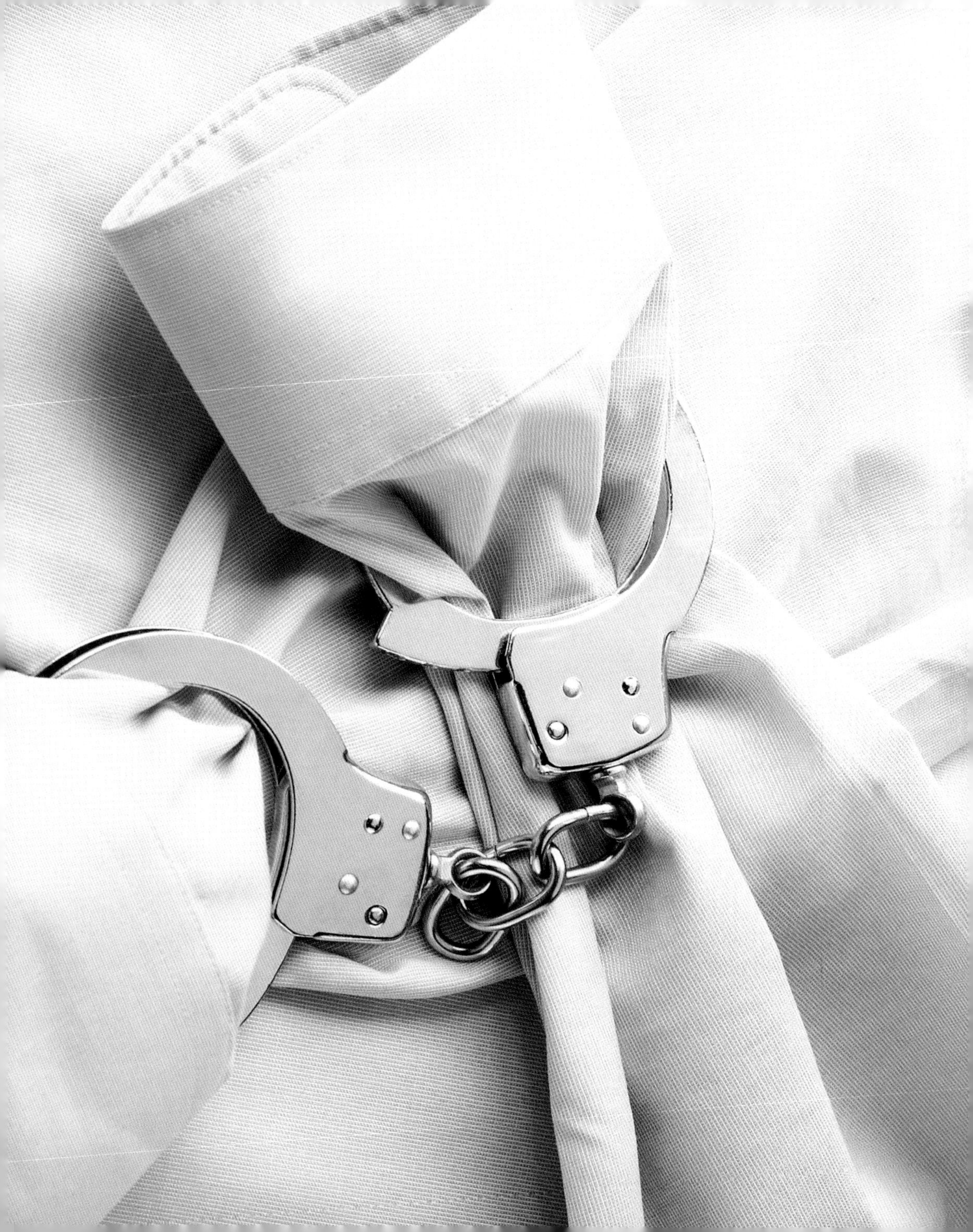

MORBID DELIVERY FOOD
www.pauljkneale.com/lastmeals.html

DAS LETZTE GERICHT

Im trauten Heim die Henkersmahlzeit eines Todeskandidaten zu genießen, mag Vielen morbid erscheinen. Der Künstler Paul Kneale möchte mit seiner Idee hingegen zum Nachdenken über die Todesstrafe anregen. Um das Geschmackserlebnis eines zum Tode Verurteilten zu teilen, braucht man nur einen Kandidaten aus einer Liste auszuwählen. Das Menü - das übrigens erst bei Lieferung verraten wird - kommt dann direkt nach Hause. Im Lieferumfang sind außerdem eine DVD über den „Korridor des Todes" und eine Maske mit dem Gesichtsabdruck des Gefangenen enthalten. Diese Maske hat zwar Löcher für die Augen, aber keine für den Mund. Eine Metapher für die letzten Qualen vor dem Tod?

Preis: $20.

IN DEN USA DÜRFEN DIE TODESKANDIDATEN IHRE HENKERSMAHLZEIT FREI WÄHLEN, SOLANGE DIESE INNERHALB DER GEFÄNGNISMAUERN REALISIERBAR IST (STATT HUMMER GIBT ES ALSO SURIMI). NICHT ERLAUBT SIND DAGEGEN ALKOHOL UND ZIGARETTEN, DENN SCHLIESSLICH SOLLEN SIE JA GESUND STERBEN, NICHT WAHR?

×××

THE CLINIC
www.theclinic.sg

×××

ESSEN AUF REZEPT

„Pneumothorax, Defibrillator, Perfusion, Hypoglykämie…" Wenn diese Begriffe wie Musik in Ihren Ohren klingen, leiden Sie aller Wahrscheinlichkeit nach an Medicophilie! Allen Emergency-Room-Fans, die schon seit 15 Jahren davon träumen, selbst einmal Halbgott in Weiß zu sein, sei „The Clinic", ein Restaurant in Singapur und eine Idee des englischen Künstlers Damien Hirst, empfohlen. Singapur liegt zugegebenermaßen nicht gerade um die Ecke, aber für jeden echten Hypochonder ist dieses Restaurant ein Muss! Sobald Sie sich in Ihren Rollstühlen niedergelassen und Ihr Skalpell ausgepackt haben, geht es auch schon an die Arbeit. Hier serviert man die Molekularküche in Spritzen und Reagenzröhrchen, die Cocktails werden aus Infusionsbeuteln geschlürft. Für ein besonders authentisches Ambiente sorgen die weißen Kittel der Kellnerinnen und Kellner. Wohl bekomm's!

Preis: ab $ 5.

IN SERIES
(USA) LAW
THIS DEVICE TO SALE
ORDER OF A PHYSICIAN
nitro-sangria

FOOD
ART

4

Einige Küchenchefs sind wahre Künstler. Und einige Künstler machen Kunst mit Essen, und zwar auf ganz besondere Weise. Zwar hat schon Arcimboldo mit Früchten gespielt, um die Kunst des Portraits neu zu definieren. Die „Eat Art" oder „Food Art" allerdings wurde erst geboren, als der Schweizer Daniel Spoerri auf die Idee kam, Lebensmittel nicht als Quelle der Inspiration, sondern als Material zu nutzen, indem er seine hintersin-

> **Die Kochkunst ist die älteste aller Künste, denn schließlich wurde Adam mit leerem Magen geschaffen.**
>
> ANTHELME BRILLAT-SAVARIN

nigen Gemälde mit Essensresten beklebte. Seither haben sich zahlreiche Künstler dieser neuen Kunstrichtung angeschlossen. Und es wird wirklich jeder Geschmack bedient: Fleisch als Ausgangsmaterial für blutige und schockierende Kunstwerke, Käse als auflockerndes Amüsement für Galeriebesucher, Schokolade als Freudenquell für Augen und Gaumen. Durch die subtile Verfeinerung wird Essen zur Kunst: wandelbar, vergänglich und verteufelt menschlich...

FOOD LAND
www.carlwarner.com

LAND ART

Die Märchen von Hänsel und Gretel oder vom Schlaraffenland haben wohl jeden von uns zum Träumen gebracht. Wie gern hätten auch wir einmal in solch einer Welt voller Lebkuchenhäuser und Kuchenberge gelebt! Der englische Fotograf Carl Warner hat diesen Traum Wirklichkeit werden lassen, allerdings in herzhafter Ausführung: Seine Landschaften sind mit Knoblauchballons, Broccoliwäldern, Hartkäsehäusern und Brotbergen gespickt. Dafür hat er jedes Lebensmittel separat fotografiert und mit Hilfe einer Bildbearbeitungssoftware minutiös arrangiert. Der oft gehörte Spruch „mit Essen spielt man nicht" wäre hier wohl kaum angebracht...

Preis: je nach Größe zwischen 100 und 600 £.

AUCH DER GRAPHIKER TILL NOWAK (WWW.FRAMEBOX.DE) HAT SEINE INSPIRATION IM GEMÜSEBEET ENTDECKT. SEINE WERKE FALLEN ALLERDINGS WENIGER MÄRCHENHAFT AUS. WAS FÜR EIN GLÜCK, DASS ER OFFENSICHTLICH NIE GEZWUNGEN WURDE, SEINE SUPPE AUFZUESSEN!

MEAT ART SHOW

http://daneyalmahmood.com/

FLEISCHESLUST

Diese Kunst ist definitiv nichts für zarte Gemüter: am Fleischerhaken baumelnde Hoden, ein Superhero-Ganzkörperanzug aus zarten Filetscheiben, ein Kleid aus Flankensteaks, ein Nike-Turnschuh aus Kalbsschnitzel... Das Objekt Fleisch fasziniert Künstler weltweit und inspiriert sie zu Fotografien, Malereien, Skulpturen und Videoinstallationen. „Meat Art" ist eine Kunstrichtung von verstörender Wirkung, voller Grausamkeit, Sexualität und Provokation, die unser Verhältnis zu Körperlichkeit, Geschlechtlichkeit, Fleisch und Tod grundlegend in Frage stellt.

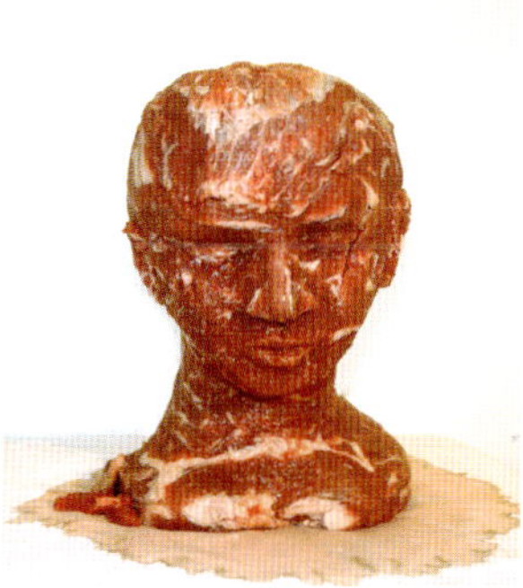

DIE AUSSTELLUNG „MEAT AFTER MEAT JOY" IST EINE REMINISZENZ AN DIE PERFORMANCE „MEAT JOY" DER FEMINISTISCHEN KÜNSTLERIN CAROLEE SCHNEEMANN (WWW.CAROLEESCHNEEMANN.COM). MIT DIESEM HAPPENING, BEI DEM SIE HALBNACKTE TÄNZERINNEN ZEIGTE, DIE SICH IN BLUT WÄLZTEN UND MIT WÜRSTEN UND HÜHNERKADAVERN SPIELTEN, HATTE SIE 1964 IN PARIS EINEN SKANDAL AUSGELÖST.

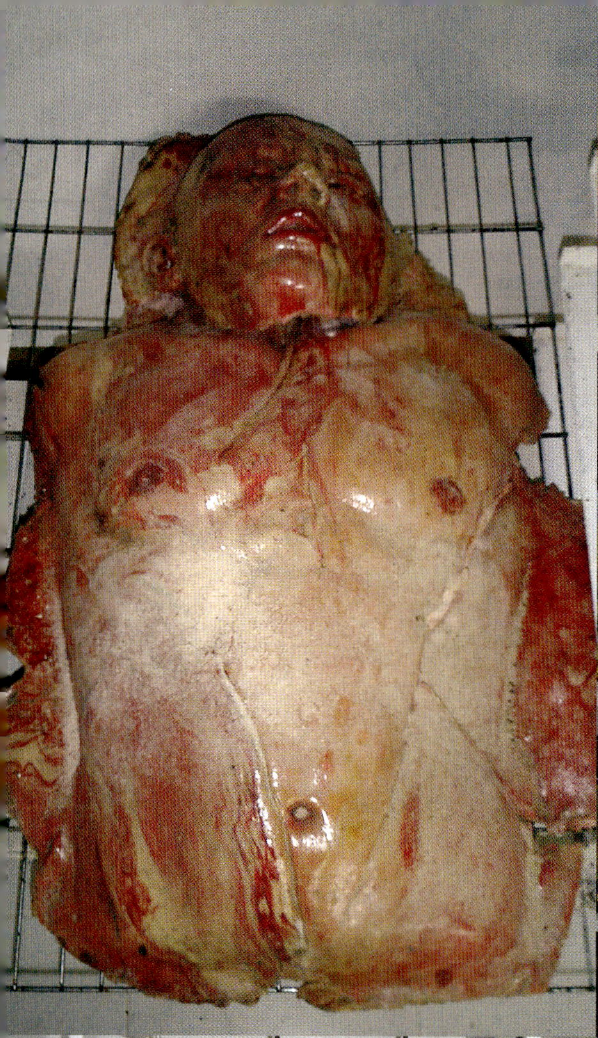

HUMAN BAKERY

http://bangkokdaytours.com/QuirkyThailand/HumanBakery.html

WIE WARME SEMMELN

Blutüberströmte Köpfe, Körper ohne Gliedmaßen... Nein, Sie befinden sich nicht im Hinterzimmer von Hannibal Lecter, sondern in einer thailändischen Bäckerei! Allerdings muss erwähnt werden, dass der Sohn des Bäckers, Absolvent der Kunsthochschule, neben seiner Leidenschaft für Brötchen auch eine für den Tod hegt. Die Inspiration für seine „Human Bakery" schöpft Kittiwat Unarrom aus Anatomieatlanten. Die Kunstwerke können entweder in Zellophan verpackt in der väterlichen Bäckerei erworben oder in ausgewählten Galerien bewundert werden.

FÜR ALLE, DENEN BEIM ANBLICK DER „HUMAN BAKERY" DER APPETIT NOCH NICHT VERGANGEN SEIN SOLLTE: KITTIWAT UNARROM VERWENDET FÜR SEINE KREATIONEN NUR DIE BESTEN ZUTATEN, UNTER ANDEREM BROT, ROSINEN, CASHEWNÜSSE UND SCHOKOLADE. UNARROMS KREATIONEN SIND BEREITS AB 70 BAHT (1,5€) FÜR EINE NASE ODER 1.500 BAHTS (30€) FÜR EINEN KOPF ERHÄLTLICH. BEI DIESEN PREISEN DÜRFTEN DIE KUNSTWERKE WEGGEHEN WIE WARME SEMMELN.

EDIBLE MONA LISA

www.foodisart.co.uk

DAS GEHEIMNIS DER MONA LISA

Das mysteriöse Lächeln der Mona Lisa hat seit Leonardo da Vinci unzählige mehr oder weniger begabte Künstler inspiriert. So auch die englische Lebensmittelkünstlerin Prudence Emma Staite, die für eine bekannte Pizza-Kette das Bildnis der Gioconda vollständig aus Pasta nachbildete. Fusilli, Makkaroni, Lasagne... Insgesamt waren nicht weniger als 10.000 Nudeln nötig, um das Lächeln der Mona Lisa in vollem Glanz erstrahlen zu lassen. Dieses Kunstwerk dürfte gut und gerne zwanzig Jahre haltbar sein!

PRUDENCE EMMA STAITE IST VOR ALLEM FÜR IHRE IM BRITISH MUSEUM AUSGESTELLTEN SKULPTUREN BEKANNT, DIE UNTER ANDEREM DEN PAPST UND DAS KOLOSSEUM IN ROM AUS PIZZATEIG ODER WARHOL'S MARYLIN MONROE AUS SMARTIES ZEIGEN. AUCH FÜR PRIVATPERSONEN KREIERT STAITE ALLE MÖGLICHEN SKULPTUREN UND BILDER AUF LEBENSMITTELBASIS.

LASER-ETCHED LUNCH MEATS

www.emilyberezin.com

MORTADELLA-TATTOO

Der Cro-Magnon-Mensch ist bekanntlich in die Geschichte eingegangen, indem er wilde Tiere an Höhlenwände malte. Der Mensch des 21. Jahrhunderts malt ebenfalls Tiere, allerdings – Evolution und Industrialisierung sei Dank – nicht mehr mit dem Finger, sondern mit dem Laser, und nicht mehr auf Felsgestein, sondern auf ... Mortadella! Die außergewöhnliche Idee, Mortadellascheiben mit Schweine- oder Putenbildchen zu verzieren, stammt von der internetbegeisterten Studentin Emily Berezin. Die Auswahl der Tiere kommt nicht von ungefähr: Die fragliche Mortadella, die sich in den USA übrigens besonderer Beliebtheit erfreut, wird auf der Grundlage von Schweine- oder Putenfleisch hergestellt. Sie wolle das Bewusstsein der Verbraucher für die Transformation des Fleisches schärfen, so die Laserkünstlerin, die im Übrigen selbst noch nie von dieser Wurst gekostet hat und es selbst dann nicht tun würde, wenn ihr Leben davon abhinge...

CHEESE SCULPTURE

www.sarahcheeselady.com

DREI KÄSE HOCH

Auch wenn sich die Franzosen für die größten Käsekenner halten: Auf dem Gebiet der Käseskulptur sind ihnen die Amerikaner haushoch überlegen. Troy Landwehr (www.guardian.co.uk) ist mit seinen über 250 Kunstwerken einer der bedeutendsten Vertreter dieser Kunstrichtung mit der besonderen Note. Internationale Berühmtheit erlangte er 2007 mit seiner Nachbildung des Mount Rushmore, die anlässlich des 4. Juli auf dem Times Square zu sehen war. 2008 trat er erneut in Erscheinung, diesmal mit einer 300 Kilo schweren Skulptur, welche die Unterzeichnung der Unabhängigkeitserklärung nachstellte. Auch Sarah Kaufmann ist eine begnadete Vertreterin der Käsebildhauerei und hat bereits zahlreiche beeindruckende Werke geschaffen.

WER SICH ALS KÄSEKÜNSTLER VERSUCHEN WILL, BRAUCHT 4°C KALTEN KÄSE UND ALS WERKZEUG MÖGLICHST EIN TÖPFERMESSER UND KLAVIERSAITEN. DER FÜR SKULPTUREN MIT ABSTAND AM BESTEN GEEIGNETE KÄSE IST LAUT TROY DER CHEDDAR. DIESER SEI WEDER ZU WEICH NOCH ZU HART UND HABE DIE IDEALE KONSISTENZ... WENN MAN DENN CHEDDAR ALS KÄSE GELTEN LÄSST...

SANDWICH ART

www.slashfood.com

SCHEIBCHENWEISE FANTASIE

„Was ist schon ein Sandwich? Eine Scheibe Schinken zwischen zwei Scheiben Brot, wenn's hochkommt noch eine Scheibe Tomaten und ein Salatblatt. Pfh...!" Und Sie wundern sich noch, dass Ihre Kinder das Pausenbrot heimlich im Müll verschwinden lassen?! Etwas mehr Kreativität wäre schon angebracht! Aus zwei kleinen Oliven an der richtigen Stelle entstehen im Handumdrehen zwei Augen. Noch ein zurechtgeschnippeltes Gurkenscheibchen dazu und das Mondgesicht ist perfekt... Diese Kreationen entstammen der überbordenden Fantasie der Russin Irina Stepanowa, die bereits mehrere Bücher zum Thema veröffentlich hat.

UM HAARESBREITE WÄRE DER IRAN 2008 MIT DEM GRÖSSTEN SANDWICH DER WELT (1,5 KM LANG, 1.400 KG FLEISCHANTEIL) IN DIE GESCHICHTE EINGEGANGEN, HÄTTEN DIE ZAHLREICHEN HELFER DAS RIESENBRÖTCHEN NICHT AUFGEGESSEN, BEVOR DIE OFFIZIELLEN VERTRETER DES GUINNESS BOOK'S NACHMESSEN KONNTEN!

www.toocutetoeat.net

BÜCHSENKUNST

Das „Bento", in dem die Japaner ihre Zwischenmalzeit für Unterwegs verstauen, ist das japanische Äquivalent zur Brotbüchse. Ein ordentliches Bento muss drei Bedingungen erfüllen: Es muss kompakt, ausgewogen und ästhetisch sein. Allerdings würde kaum ein Japaner sein Essen einfach so in eine Box legen, denn schließlich soll es ja auch schön aussehen. Und so hat sich aus dem „Reiskorn des Anstoßes" ein regelrechter Bento-Trend entwickelt, der begnadete Alltagskünstler und beeindruckende Kunstwerke hervorbringt. Mittlerweile hat die Bewegung auch Eingang in die westliche Welt gefunden, wo sie bestens zum aktuellen Trend der gesunden Ernährung passt.

FÜR ALLE, DIE MEHR ÜBER DIE BENTOKUNST ERFAHREN WOLLEN, GIBT ES UNZÄHLIGE BLOGS, WEBSITES UND BÜCHER. HIER LERNEN SIE ALLES, WAS SIE BRAUCHEN, UM DIE LANGWEILIGE VESPERDOSE IHRES MANNES IN EIN ANGESAGTES BENTO ZU VERWANDELN!

Hello Kitty
©1976, 2007 SANRIO CO., LTD. TOKYO, JAPAN

DIE WELT DER SCHOKOLADE

SCHOKOLADE DE LUXE

Die passionierten Schweizer Chocolatiers Laurent und Daniella Nessi haben eine Schokoladenkollektion entworfen, die der Kunde in einer individuell angefertigten Holzdose erhält. Die exquisite „Collection Royale" zeichnet sich nicht nur durch die Auswahl der besten Kakaosorten der Welt aus, sondern auch und vor allem durch ihren Überzug aus Gold, Silber oder Diamanten! Lassen Sie sich die kleinen Edelbarren auf der Zunge zergehen und entdecken Sie eine ungeahnte Geschmacksvielfalt! Für alle, die es etwas bunter mögen, gibt es übrigens die Edelstein-Schokoladenkollektion.

Preis: $ 1.250.

Cocoa Gourmet

www.swisscocoagourmet.com

Im Anfang war der Kakaobaum. Bereits die Mayas und Azteken wussten seine Früchte zu schätzen. Der mittelamerikanischen Mythologie zufolge stammen die Samen der Kakaopflanze direkt aus den Tempeln der Götter. Bei rituellen Festen spielte der Kakao als Göttertrank und wegen seiner heilenden und aphrodisierenden Wirkung eine große Rolle. Christoph Kolumbus, der wohl bekannteste Entdecker der Welt, wusste allerdings mit der bitteren und stark gewürzten Mischung aus Kakao, Vanille, Chili und Annatto nicht allzu viel anzufangen. Angeblich soll er die braunen Kakaobohnen, die ihm die Indianer geschenkt hatten, für Ziegen-

kot gehalten und bei der nächstbesten Gelegenheit über Bord geworfen haben. Weitaus mehr Interesse zeigte hingegen Hernán Cortés, der das indianische Getränk an den spanischen Hof brachte. Dort zeigte sich allerdings, dass der Trank der Aztekengötter für europäische Gaumen sehr gewöhnungsbedürftig war. Erst nachdem man auf die scharfen Gewürze verzichtet und dem Kakao zusätzlich Zucker und Milch zugefügt hatte, wurde er hoffähig. Unter seinem neuen Namen „chocolate" stieg er innerhalb kürzester Zeit zum Modegetränk auf. Die Schokolade wurde wegen ihres hohen Gehalts an Magnesium, Phosphor, Kalium und Eisen und ihrer euphorisierenden, belebenden und stimulierenden Wirkung immer mehr geschätzt. Lange Zeit war das wundersame Antidepressivum der Oberschicht vorbehalten. Erst im 19. Jahrhundert, als ein gewisser Van Houten das Kakaopulver entdeckte und die Engländer ihre ersten Schokoladentafeln produzierten, hielt es Einzug in bürgerliche Kreise. Seitdem hat das köstliche Naschwerk die Küchen dieser Welt erobert und findet sich in sämtlichen Kombinationen und Formen wieder. Ob flüssig oder fest, kalt oder warm, zum Trinken oder zum Essen – Schokolade ist stets unwiderstehlich lecker und universell teilbar... Ein Stoff, der die Künstler inspiriert und kühnste Träume Wirklichkeit werden lässt!

HAUTE JOAILLERIE

Diamanten, Rubine und andere Edelsteine sind heutzutage keine Seltenheit mehr. Schmuck aus Schokolade ist da schon weniger alltäglich. Die kleinen, auf dünnen Fäden aus echtem Gold aufgereihten Schokoladenkugeln schmelzen nicht auf der Haut und strömen einen unwiderstehlichen Schokoladenduft aus. Und sollte Ihre Beziehung den Bach hinunter gehen, können Sie die Schmuckstücke immer noch aufessen, denn bekanntlich ist ja Schokolade das beste Mittel gegen Liebeskummer!
Preis: $55.

Wendy Mahr Jewelry
www.wendymahr.com

SCHOCOUTURE

Wenn Sie gern einmal hören möchten, dass Sie „zum Anbeißen aussehen", probieren Sie doch eines dieser exklusiven Kleider aus, die aus Kakao statt aus Samt und Seide bestehen. Bitterschokolade, Milchschokolade, weiße Schokolade, ja sogar Schokolade mit Fruchtaroma... Angesichts der unerschöpflichen Vielfalt an Farben und Geschmacksrichtungen haben die Chocolatiers ihrer Fantasie freien Lauf gelassen und sich für diese vergänglichen Kreationen in wahre Modeschöpfer verwandelt. Und solange Ihr Schamgefühl stärker als Ihr Appetit ist, brauchen Sie sich um Ihre Figur keine Sorgen zu machen!
Preis: 1.000 €.

Chocolate Show
www.chocolateshow.com

SCHOKOSCHUH

Frauen hegen bekanntlich zwei Leidenschaften, nämlich eine für Schuhe und eine für Schokolade. Sind diese in einem einzigen Objekt vereint, muss die Anziehungskraft unwiderstehlich sein! Jeder dieser Schuhe ist ein Einzelstück und wird in Handarbeit gefertigt. Ob tiefschwarz oder strahlend weiß – hier bleiben keine Wünsche offen. Alle Schokoladengeschmacksrichtungen sind vertreten, ja selbst ein himbeerrosafarbener Schuh ist dabei! Die Chocolatiers wussten genau, was Sie wollten: Eine Wunderwaffe, die jede Frau schwach macht.
Preis: ab $ 40.

Gayle's Chocolates
www.gayleschocolates.com

PARFUMS AU CHOCOLAT

Die Erfindung des Chocolatiers Jean Galler eröffnet uns völlig neue Möglichkeiten, Schokolade zu genießen. Inspiriert von den japanischen Kalligraphiekästchen hat er eine Schachtel entworfen, die mit dünnen Schokoladenstäben und kleinen Duftdosen gefüllt ist. Beim Eintauchen der Stäbchen in das Parfüm entfaltet sich ein Duft nach Safran, Ingwer, asiatischen Zitrusfrüchten... So wird Ihre Zunge zur Leinwand, das Schokoladenstäbchen zum Pinsel und die Duftdöschen zur Farbe und Sie selbst ... zum Künstler!
Preis: 20,50 €.

Galler
www.galler.com

FERRARI AUS SCHOKOLADE

Anlässlich des einhundertsten Geburtstags der „Scuderia" hat sich der Ferrari-Club von Neapel etwas ganz Besonderes einfallen lassen: einen F-2008 aus Schokolade. Wenn es um den berühmten roten Flitzer geht, ist den Italienern ja bekanntlich nichts zu teuer. Über sechs Monate haben 25 italienische Konditoren in 400 Stunden etwa 2 Tonnen feinster belgischer Schokolade verarbeitet, bis der Traum in Schokolade gegossen war. Nach diesem Prototyp sind sie nun erfahren genug, um in Serienproduktion zu gehen: Für schlappe $ 23.500 steht das Gefährt bald auch in Ihrer Garage.

Chocolate Ferrari F1
www.worldcarfans.com

SCHOKOLADENMALEREI

Angesichts der Meisterwerke, welche die Koch- und Konditorskunst bisweilen hervorbringt, zeigt sich, dass der Begriff „Kunst" hier seine volle Berechtigung hat. Wenn man sie nur auch an die Wand hängen könnte... In der Tat finden sich unter den Kochkünstlern dieser Welt einige wahre Picassos. Und mit den Gemälden dieser Künstler, die als Farbe ausschließlich Schokolade verwenden, können Sie tatsächlich Ihre Tapete verzieren!
Preis: ab 80 €.

Food is Art
www.foodisart.co.uk

SERENDIPITY 3

FRRROZEN HOT CHOCOLATE

www.serendipity3.com

TEURES VERGNÜGEN

Dieses Dessert ist zwar eine Augenweide, Ihrer Figur und Ihrem Portemonnaie dürfte es allerdings weniger zuträglich sein! Zum Einen ist es mit seinen 28 Kakaosorten, darunter den 14 seltensten der Welt, überaus gehaltvoll, zum Anderen mit einem Preis von 17.500 € pro Glas nicht gerade ein Schnäppchen. Das mit Chantilly-Creme verfeinerte Eis ist mit 5 Gramm feinstem 23-karätigen Gold und den berühmten Trüffeln des Chocolatiers Knipschildt ($ 2600 pro Pfund) dekoriert. Der Goldlöffel ist genauso im Preis inbegriffen wie das diamantenbesetzte Armband. Und seit Kurzem steht dieses von einem Restaurator aus New York kreierte Dessert der Extraklasse auch im Guinessbuch der Rekorde.

DAS LUXUSDESSERT HAT DEM „SERENDIPITY" NICHT NUR DAZU VERHOLFEN, IN DIE GESCHICHTE EINZUGEHEN, SONDERN IHM AUCH EINEN BESUCH DER STÄDTISCHEN HYGIENEINSPEKTION BESCHERT. DAS ERGEBNIS: 41 VERSTÖSSE UND DIE VORÜBERGEHENDE SCHLIESSUNG DES ETABLISSEMENTS. MITTLERWEILE IST WIEDER ALLES IN BESTER ORDNUNG UND DAS DESSERT AUCH ERSCHWINGLICHER GEWORDEN: DAS „GOLDEN OPULENCE SUNDAE" IST BEREITS FÜR $ 1.000 ZU HABEN. FÜR DIESEN PREIS DÜRFEN SIE ALLERDINGS NUR IHREN GOLDLÖFFEL UND DEN KRISTALLPOKAL BEHALTEN. TJA, WIR LEBEN IN HARTEN ZEITEN...

LATTE ART

www.world-latteart-championship.com

BLÜMCHENKAFFEE

Gibt es etwas Spannenderes als Homeshoppingsendungen, in denen japanische Messer verkauft werden? Ja, die „Latte Art"! Stundenlang könnte man den „Baristas" (wie die Kaffeekünstler im Fachjargon heißen) zusehen, wie sie Milch in Kaffe gießen und im Handumdrehen Blümchen, Schwäne, Gesichter und Landschaften entstehen lassen... Hierfür braucht es keine komplizierten Werkzeuge. Ein Schwenk mit dem Handgelenk, höchstens noch eine Schablone oder eine Nadel und das Kunstwerk ist perfekt: Zumindest bis zum ersten Schluck...

SEIT NUNMEHR FÜNF JAHREN FINDET ÜBRIGENS AUCH EIN INTERNATIONALER „LATTE ART"-WETTBEWERB STATT. UND WORIN BESTEHT NUN DAS GEHEIMNIS DER KAFFEEKÜNSTLER? EINE ORDENTLICHE ESPRESSOMASCHINE, EIN GUTER KAFFEE UND DAZU MILCH, DIE NICHT ZU SCHAUMIG, NICHT ZU CREMIG, NICHT ZU GLATT, NICHT ZU KALT UND NICHT ZU HEISS SEIN DARF. EIGENTLICH GANZ EINFACH, ODER?

JELL-O ART
www.lizhickok.com

VERGÄNGLICHE SCHÖNHEIT

Sie ist glibberig, vollgepumpt mit Chemie und leuchtet fluoreszierend... Kein Normalsterblicher würde dabei an etwas Essbares denken, und dennoch ist Jell-O der Engländer liebste Nachspeise. Für die amerikanische Künstlerin Liz Hickok ist Götterspeise nicht nur essbare gelatinöse Masse, sondern auch Arbeitsmaterial. Ihrer Ansicht nach ist sie auf geradezu geniale Weise geeignet, die Stadt San Francisco und ihren instabilen Untergrund zu verkörpern. Seit nunmehr vier Jahren arbeitet Liz an einem Jell-O-Modell der Stadt. Eine vergängliche, unkontrollierbare Kunst von kurzer Haltbarkeitsdauer, denn die Skulpturen schmelzen innerhalb einer Woche, bevor sie schließlich im Abfall landen. Glücklicherweise werden die Kunstwerke von der Künstlerin jedoch vorher auf Fotos und Videos verewigt.

JELL-O LÄSST SICH NICHT DIREKT BEARBEITEN. DAHER FERTIGT DIE KÜNSTLERIN ZUNÄCHST SILIKONFORMEN AN, IN DIE SIE ANSCHLIESSEND DIE VORBEREITETE GELATINEMISCHUNG FÜLLT.

GUM ART

www.gumart.com

GUMMIKUNST

Der Kaugummi hat längst die Welt der Kunst erobert und zahlreiche Künstler zu den schrägsten Skulpturen und Gemälden inspiriert. Einer der berühmtesten Kaugummikünstler ist der Amerikaner Jamie Marraccini, seit frühester Kindheit passionierter Kaugummikauer. Während seiner Schulzeit klebte er noch fleißig Kaugummis an die Internatszimmerwände, später ging er zu Leinwänden über, um seine Kunstwerke auch konservieren zu können. Innerhalb kürzester Zeit avancierte er zum Kaugummiexperten und erstellte eine Internetseite, auf der er seine faszinierenden Arbeiten präsentierte. Zwar sind diese nicht immer Meisterwerke, aber immerhin so raffiniert ausgeführt, dass sie häufig kaum von einem echten Gemälde zu unterscheiden sind. Spinner oder Genie? Entscheiden Sie selbst.

DER KÜNSTLER HAT UNLÄNGST AUCH EIN BASTELSET ENTWORFEN, MIT DEM NUN ALLE BASTELFREAKS T-SHIRTS, MÜTZEN UND TASCHEN MIT KAUGUMMIKUNST VERZIEREN KÖNNEN.

CAKE SCULPTURE

www.winbeckler.com

SÜSSE KLEIDCHEN

Rund oder eckig? Zuckerblümchen oder Schokoraspel? Geben Sie's ruhig zu, das Dekorieren von Kuchen und Torten war noch nie Ihre Stärke. Aber dafür gibt es ja schließlich Konditoren. Dass die klassische Feinbäckerei schon ein Kunsthandwerk ist, beweist die Tarte St.-Honoré, die, hübsch auf dem Sonntagstisch angerichtet, schon so Manchen zu Tränen gerührt hat. Hier geht es allerdings um echte Skulpturen und Gemälde aus Kuchenteig und Zuckerguss. Alle, die den Mut haben, von diesen Meisterstücken zu probieren, sollten dabei nicht die stundenlange Arbeit, grenzenlose Hingabe und technische Perfektion außer Acht lassen, zumal jedes Kunstwerk unter erheblichem Zeitdruck entsteht, denn die Zutaten sind nicht nur lecker, sondern auch leicht verderblich.

EINZIGARTIGES VON DER PRALL GEFÜLLTEN SCHATZKISTE, DER PEPSIDOSEN-PALETTE ÜBER DEN SPIELTEPPICH, ROULETTE- UND KARTENSPIELE BIS HIN ZU KROKOTASCHEN VOLLER DOLLARSCHEINE UND NÄHMASCHINEN IST ALLES MÖGLICH! DIE KUCHEN- UND TORTENKREATIONEN DER KONDITORIN SHANNA (WWW.ENGLISHRUSSIA.COM) AUS ST.-PETERSBURG SIND ECHTER ALS IM WAHREN LEBEN. DAFÜR LOHNT SICH EINE SHOPPINGTOUR IN DEN FERNEN OSTEN ALLEMAL... RISIKO: POSTPRANDIALES VÖLLEGEFÜHL...

CIRCUS

TOAST ART
www.fa-art.pp.se

KUNST IN SCHEIBEN

Ihr Butter- und Marmeladentoastfans dieser Welt, und auch Ihr, die Ihr Eure quadratische Frühstücksscheibe tagtäglich im Toaster verkohlen lasst, singt Halleluja! Denn Euch gehört möglicherweise die Zukunft! Nehmt zum Beispiel den Engländer Lennie Payne, dessen Portraits von Elvis, Madonna und sich selbst wie warme Semmeln weggehen. Und Lennie ist bei Weitem nicht der Einzige, der die Zeichen der Zeit erkannt hat. Schon 1999 erschufen die schwedischen „Toast Artists" Ingrid Falk und Gustavo Aguerre ein 7 x 4,5 Meter großes Wandfresko aus 3.053 Toastbrotscheiben, das einen... Toaster darstellt. Das Museum für Moderne Kunst von Buenos Aires hat eine kleinere Version (5 x 4 Meter) der Künstler erworben und in seine Dauerausstellung aufgenommen.

DAS WICHTIGSTE WERKZEUG DER TOASTKÜNSTLER IST NICHT DER TOASTER, SONDERN DAS LÖTEISEN. DIE BESTEN ERFOLGE LASSEN SICH OFFENBAR MIT WEISSEM TOASTBROT ERZIELEN, DAS ORDENTLICH AUSGETROCKNET IST. PROBIEREN SIE'S AUS!

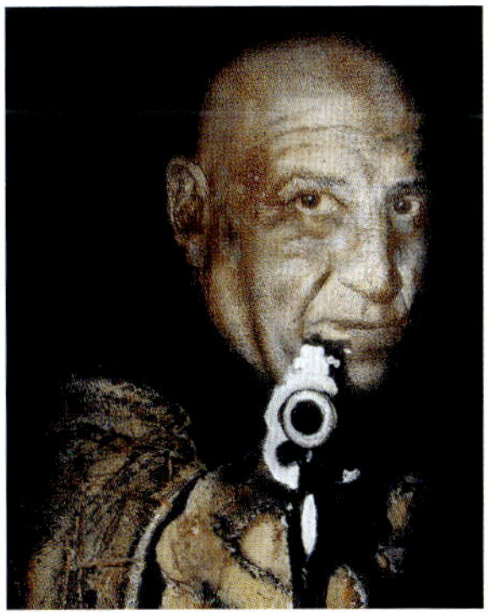

WATERMELON ART

www.rawbc.org/articles/watermelon_art.html

MELONEN MIT CHARME

Vergessen Sie Ihre Melonenkernkettchen aus Ihrer Hippiephase und Ihre japanisch angehauchten Dekoversuche aus Ihrer Hausfrauenperiode. Purer Dilettantismus gegenüber der Kunst des Melonenschnitzens, die in China eine tausendjährige Tradition besitzt und sich nicht nur in Thailand und Japan, sondern auch in Tschechien, wo alljährlich der internationale Melonenschnitzwettbewerb stattfindet, großer Beliebtheit erfreut. Blumen, Gesichter, Alltagsszenen... Bei diesen faszinierenden und leider auch vergänglichen Skulpturen ist vom schönen Kitsch bis zur modernen Kunst alles dabei.

AUCH DIE FRANZÖSISCHE FOTOGRAFIN ANNE RICHARD HAT SICH VON DER MELONE INSPIRIEREN LASSEN (HTTP://ANNE.RICHARD.ART.FREE.FR/PASTEQUE.HTM). NACH DIESEN FOTOS WERDEN SIE WASSERMELONEN MIT ANDEREN AUGEN SEHEN...

ESSEN UND TRINKEN

DAS AUGE ISST MIT

KÜCHEN UND KÖCHE

FOOD ART

PHOTO CREDITS

P. 6 (g) : ©Bill Varie/PhotoLibrary.com; p. 6 (d) : ©Urban Trend; p. 7 (g) : ©Richard Haughton; p. 7 (d) : ©Ingrid Falk & Gustavo Aguerre (FA+); p. 10 : ©Fat Pig Chocolate; p. 12 : ©De Jaeger; p. 14 : ©PhotoLibrary.com; p. 15 : ©Trek'n'Eat; p. 16 : ©Burger King; p. 18-19 : ©ComptoirDel/KonoPizza; p. 20 : ©Kimberly Hu; p. 22-23 : ©Michelle Sugar Art; p. 25 ©Brian Kusler; p. 26-27 : ©Fat Pig Chocolate; p. 28 : ©PhotoLibrary.com; p. 31 : ©Edible; p. 33 : ©Lara Jo Regan/GettyImages; p. 35 (g) : ©D. R; p. 35 (d) : ©Michael Ohlsson/Weird Meat; p. 36 : ©Michael Ohlsson/Weird Meat; p. 37 : D. R; p. 38 : ©IStockphoto; p. 39 : D.R; p. 41 : ©PhotoLibrary.com; p. 43 : AFP; p. 44 ©PhotoLibrary.com; p. 47 : ©Spiritual Brands, Inc.; p. 49 : ©Liquid Smoking; p. 50 : ©Mamma Mia; p. 52 : ©PhotoLibrary.com; p. 56 : ©Fred&Friends; p. 58 : Vincent Lejalé/Olo Éditions; p. 60-61 : ©Urban Trend; p. 62-63 : ©Fabrizio Garramone; p. 65 : ©DesignLab; p. 68 : ©PhotoLibrary.com; p. 71 : ©Comstock Images/Jupiterimages; p. 72-73 : ©Firebox; p. 74-75 : ©Sherwood Forlee/Thinkofthe.com; p. 77 : ©Thout; p. 79 (g) : ©Julia Mariscal; p. 79 (d) : ©Sibylle Stœckli; p. 80 (g) : Vincent Lejalé/Olo Éditions; p. 80 (d) : D.R p. 81 (g) : D.R; p. 81 (d) : Véronique Huyghe/PA Design; p. 82-83 : ©Kenneth Goldman; p. 84 : ©Vincent Lejalé/Olo Éditions; p. 86-87 : ©Liz Goulet Dubois; p. 88 : ©Kacper Hamilton; p. 90-91 : ©Fred&Friends; p. 93 : ©Matty Sallin; p.95 : ©Adam Brodowski; p. 97 : ©Stefan Buchberger/Electrolux DesignLab; p. 100 : ©Photography by Lara Kastner, Courtesy of Alineabook.com; p. 103 : ©PhotoLibrary.com; p. 105 : ©Photography by Lara Kastner, Courtesy of Alineabook.com; p. 106-107 : ©Photography by Lara Kastner, Courtesy of Alineabook.com; p. 109 : ©Richard Haughton; p. 111 : ©PhotoLibrary.com; p. 112 : ©Courtesy of Proef and Marije Vogelzang; p. 114-115 : ©Courtesy of Proef and Marije Vogelzang; p. 117 : ©Fauchon/Agence iTEM; p. 119 : ©Comstock Images/Jupiterimages and ©Michel Touraine/Jupiterimages; p. 121 : AFP; p. 123 : ©HeineMack© GmbH/Courtesy of s'Baggers; p. 124 : ©Courtesy of Sattel-Hochstuckli; p. 127 : ©David Ghysels/Courtesy of Dinner in the Sky; p. 128 : ©Courtesy of Dans le Noir ?; p. 131 : ©IStockphoto; p. 133 : ©AP Photo/Katsumi Kasahara; p. 134 : ©IStockphoto; p. 137 : ©IStockphoto; p. 138-139 : ©Paul Kneale; p. 141 : ©The Clinic Bar; p. 144 : ©Couleur Chocolat; p. 147 : ©Carl Werner; p. 148-149 : ©Carl Werner; p. 151 : D.R; p. 152 : ©Meat Art Show; p. ©Daneyal Mahmood Gallery; p. 154 : ©Kittiwat Unarrom/Denis Hansen from Bangkok Day Tours: p. 157 : ©Prudence Staite from Food is Art; p. 159 : ©Emily Berezin; p. 160 : ©Sarah Kaufmann (The Cheese Lady); p. 162-163 : D.R; p. 164-165 : ©Jennie Sheree Chen; p.167 : ©Cocoa Gourmet; p. 169 (g) : ©Wendy Mahr Jewelry; p. 169 (d) : ©Couleur Chocolat; p. 170 (g) : ©Gayle's Chocolate; p. 170 (d) : Galler; p. 173 : ©Serendity Restaurant; p. 174 : ©D.R; p. 175 : ©IStockphoto; p. 177 : ©Liz Hickok; p. 178-179 : ©Liz Hickok; p. 181 : ©Jamie Marraccini; p. 182-183 : ©Jamie Marraccini; p. 185 : ©AFP; p. 186 : ©Ingrid Falk & Gustavo Aguerre (FA+); p. 187 : ©Lennie Payne/Toast2art; p. 188 : ©Amelia Mahlstadt ; p. 189 : ©Misa Forli.

Blumen im Frühling

Ute York

GARTEN
HOBBY-BIBLIOTHEK

Blumen im Frühling

Seehamer Verlag

Wissenschaftliche Beratung: Dr. Günther Heubl
Fotoredaktion: W. Heubl, München
Gestaltung und Zeichnungen:
Uschi Müller und Sabine Hofmaier, München
Umschlaggestaltung: Bine Cordes, Weyarn
Umschlagfoto: Anthony Verlag, Starnberg
Printed in Germany
ISBN: 3-929626-30-6

Inhalt

Frühlingsanfang im Garten

Die schlechte Nachricht zuerst: Wenn jetzt gerade Frühlingsanfang sein sollte und Sie schauen hinaus in Ihren Garten und beschließen, daß da etwas geschehen muß, dann sind Sie ein bißchen spät dran. Der Auftakt zur grandiosen Frühlings-Farbsymphonie findet nämlich schon ein halbes Jahr früher statt. Die Blumenzwiebeln, die das Startsignal für den Frühling geben, müssen bereits seit dem letzten Herbst in der Erde sein.

Startsignal für den Frühling

Wer diesen Termin verpaßt hat und jetzt beim Anblick all der Krokusse und Zwergtulpen, der kleinen Iris und der Büschel von Schneeglöckchen in Nachbars Garten ganz krank vor Neid wird, der kann

nur noch mogeln. In den Gartencentern gibt es für Späteinsteiger fast alle Frühlingsblumenzwiebeln in Töpfen. Pflanzen Sie sie einfach um in Ihren Garten!

Das ist nicht gerade ein billiger Spaß. Aber zumindest haben nun auch Sie ein paar Krokusse und Mini-Narzissen, ein paar Zwergtulpen und vielleicht sogar einige Blausternchen im Blumenbeet oder unter den Büschen, und im nächsten Frühjahr kommen die meisten sogar wieder – zusammen mit all den anderen Zwiebelpflanzen, die Sie dann im Herbst in die Erde buddeln, aber diesmal rechtzeitig!

Und nun die gute Nachricht: Auch wenn es für die Zwiebeln zu spät sein sollte, haben Sie noch reichlich Gelegenheit, den Frühling in Ihren Garten zu bitten. Die Natur schätzt es zwar, wenn man ihr einen gewissen Vorlauf gibt. Aber sie ist nicht kleinlich. Viele andere Frühlingsblumen lassen sich im März genau so gut pflanzen wie im Herbst.

Sie lieben Ihren Garten – sonst hätten Sie dieses Büchlein ja nicht in der Hand. Aber

Sie sind kein Profi. Denn sonst bräuchten Sie das Buch ja nicht.
Sie gehören zur großen Kategorie der Freizeitgärtner. Das sind vielbeschäftigte Menschen, die trotz knapp bemessener Zeit Sehnsucht danach haben, mit den Händen in der frischen Erde zu arbeiten, und für die Blumen und Pflanzen, die durch ihre Arbeit wachsen und gedeihen, mindestens genauso viel Befriedigung bedeuten wie ein erfolgreicher Geschäftsabschluß oder ein Lob vom Chef.
Aber weil Sie nicht unbegrenzt Zeit haben, brauchen Sie jemanden, der Ihnen mit guten Ratschlägen zur Seite steht.
Dies Buch soll Ihnen helfen, den Frühling in Ihren Garten zu holen, ohne daß Sie jede freie Stunde mit Hacken und Jäten, Düngen und dem Studieren von Pflanzanleitungen verbringen müssen. Wenn Sie unsere Ratschläge befolgen, ersparen Sie sich nicht nur viele überflüssige Arbeiten, sondern auch manchen Fehlschlag.
Wir stellen Ihnen nämlich nur solche Pflanzen vor, die vermutlich auch in Ihrem Garten blühen werden. Auf diese Weise verschwenden Sie auch nicht Zeit und Geld für Exoten und Divas, die zwar wunderschön sein mögen, aber aufgrund ihrer Lebensgewohnheiten bei Ihnen keine Chance hätten.
Wenige Dinge im Leben verschaffen so tiefe Befriedigung wie der Anblick von Blumen und Pflanzen, die man selbst zum Blühen gebracht hat. Holen Sie also den Spaten aus dem Schuppen und den Frühling in den Garten! Wenn jetzt Herbst ist: Nichts wie hinein mit den Zwiebeln in die Erde. Es ist aber Frühling? Tausende von Maßliebchen, Stiefmütterchen und Vergißmeinnicht warten auf Sie. Und selbst wenn jetzt gerade Sommer sein sollte: die zweijährigen Frühlingsblumen möchten um diese Zeit ausgesät werden. Packen Sie's an!

Frühling aus Zwiebeln

Irgendwann im Herbst legt man ein paar Blumenzwiebeln in die Erde. Und wenn man sie fast vergessen hat, geschieht plötzlich ein Wunder: Aus dem kahlen Garten wird ein Blütenmeer.

Ganz gleich, ob Sie einen "wilden" Frühlingsgarten möchten, einen gepflegten oder womöglich sogar einen repräsentativen – die Lösung heißt: Blumenzwiebeln. Es gibt nichts Dankbareres und Unkomplizierteres! Die Botaniker führen zwar immer noch längere Diskussionen darüber, welche Sorten denn nun den Zwiebeln und welche den Knollen zuzuordnen sind. Das braucht Sie aber wenig zu berühren. Sie haben nur einen Wunsch, Sie möchten schöne, gesunde, reichblühende und kräftige Pflanzen im Garten haben. Und möglichst wenig Arbeit! Da gibt es nur eins, Zwiebeln – auch wenn manche davon botanisch gesehen Knollen sind.

Wenn Sie Ihre Zwiebeln im Boden haben, ist die Arbeit bereits getan. Sie brauchen weder zu gießen, noch zu düngen noch zu trimmen. Lehnen Sie sich zurück und warten Sie ab, was passiert.

Alles das, was die Blume zum guten Wachsen und Gedeihen braucht, ist in der Zwiebel enthalten. Sie ist sozusagen das unterirdische Versorgungscenter. Zumindest in der ersten Saison. Wenn Sie möchten, daß die Pflanze noch ein zweites und ein drittes Mal blüht, müssen Sie sich schon ein wenig anstrengen. Aber das hat noch ein gutes halbes Jahr Zeit.

Wenn Sie es sich ganz bequem machen wollen, sollten Sie möglichst nur die Sorten pflanzen, die sich in Ihrem Boden heimisch fühlen. Die beste Möglichkeit herauszufinden, welche das sind, ist ein Frühlings-Spaziergang durch die Nachbargärten.

Übrigens ist das auch eine hervorragende Gelegenheit, an Ableger zu kommen. Nachbarn, deren Pflanzen lauthals bewundert werden, neigen zu Großzügigkeit.

Pflanzen Sie nur winterharte Sorten, die Sie nach der Blüte nicht ausgraben müssen. Dann müssen Sie zwar auf einige schöne Frühlingsblumen verzichten, aber es gibt genügend andere, die jahrelang im Boden bleiben können, ohne daß ihnen das etwas ausmacht. Ganz im Gegenteil: Sie vermehren sich dort noch kräftig! Nach einigen Jahren ist aus einer einzigen Blume plötzlich eine ganze Kolonie geworden!

Tips für den Einkauf

• Wählen Sie Ihre Zwiebeln gut aus. Aus einer drittklassigen Zwiebel wächst niemals eine erstklassige Blüte!

• Zwiebeln, in Säckchen abgepackt, kosten meist weniger als Einzelstücke. Kaufen Sie Ihre Zwiebeln trotzdem am besten Stück für Stück. Auf diese Weise können Sie sicher sein, daß keine Nieten dabei sind.

• Wählen Sie sorgfältig. Nehmen Sie jede einzeln in die Hand und inspizieren Sie sie gründlich. Dabei spüren Sie sofort den Unterschied zwischen prallen, kräftigen und mickerigen, verschrumpelten Exemplaren.

• Machen Sie einen Bogen um alle Zwiebeln, die Risse oder Dellen haben. An den schadhaften Stellen können leicht Ungeziefer oder Krankheitserreger in die Zwiebel eindringen.

• Zählen Sie nach, wieviel Augen eine Zwiebel hat, je mehr desto besser. Aus jedem Auge oder Trieb wird eine Blüte. Es gilt die Faustregel: Je größer die Zwiebel, desto prächtiger die Blüte. Wählen Sie von allen Sorten wenn möglich immer die kurze, stämmige Form – Sie haben mehr davon!

• Kaufen Sie von jeder Sorte und Farbe möglichst viele Exemplare. Frühlingsblumenzwiebeln wirken am besten in der Menge!

• Wenn Sie Ihre Zwiebeln per Katalog bestellen, lohnt sich ein Preisvergleich bei den verschiedenen Firmen. Die meisten bieten außerdem jeweils unterschiedliche Sonderangebote an. Greifen Sie zu, soweit nicht Mindestmengen abgenommen werden müssen.

Und so wird gepflanzt

Wie schon gesagt, in der ersten Generation können Sie fast nichts falsch machen. Deshalb verraten wir Ihnen hier auch nur ein paar Tricks.

• Zwiebelpflanzen sind Überlebenskünstler und infolgedessen auch nicht anspruchsvoll, was den Boden betrifft. Gewöhnlicher Gartenboden reicht normalerweise völlig aus. Allerdings reagieren sie äußerst empfindlich auf Staunässe. Feuchtigkeit verlangt die Pflanze nur während des Wachstums.

Bei Frühlingsblumen macht es die Menge: Je mehr Zwiebeln von einer Sorte Sie zusammen pflanzen, desto größer der Effekt. Von jeder Sorte, möglichst sogar von der gleichen Farbe, sollten mindestens 7-12 Exemplare an einer Stelle stehen. Pflanzen Sie, so viel Sie können. Im nächsten Frühjahr werden Sie für Ihre Mühen belohnt.

• Pflanzen Sie Ihre Zwiebeln möglichst zeitig im Herbst. Je früher sie in die Erde kommen, desto mehr Zeit haben sie, dort zu verwurzeln. Wenn die Zwiebeln nach der großen Sommerpause in den Gärtnereien zu kaufen sind, ist auch Pflanzzeit.

• Falls Sie's nicht rechtzeitig geschafft haben: Die Zwiebeln sind geduldig. Sie blühen auch noch, wenn sie erst im Winter in die Erde kommen – aber bitteschön vor dem ersten starken Frost.

• Sortieren Sie Ihre Zwiebeln. Bilden Sie Häufchen: Von jeder Sorte sollten 7-12 Zwiebeln die gleiche Größe und die gleiche Farbe haben. Wenn Sie die Zwiebeln bereits abgepackt nach Sorten gekauft haben, können Sie sich das natürlich sparen.

• Frühlingsblumen wirken am besten in der Menge. Nehmen Sie den großen Spaten und graben für jede Gruppe ein Gemeinschaftsloch: Eins für die Osterglocken, eins für die Dichternarzissen, eins für die Blausternchen usw.

• Offiziell müssen die Zwiebeln so tief gesetzt werden, daß ihre Spitze ungefähr so tief im Boden liegt wie ihr doppelter Durchmesser. Hat die Zwiebel also einen Durchmesser von 6 cm, so muß ihre Spitze 12 cm tief im Boden liegen. Falls Ihnen diese Rechnung zu kompliziert erscheint, gibt es noch eine andere Faustregel. Pflanzen Sie Ihre Zwiebel dreimal so tief, wie sie hoch ist. Und falls Ihnen das immer noch zu mühsam ist: Haben sie keine Skrupel, wenn Sie Ihre Zwiebeln nicht so tief einbuddeln wie angegeben. Wenn der Winter nicht gar so hart ist, kommen die Blumen auch dann, wenn Sie sie nur halb so tief wie vorgeschrieben einpflanzen. Bedecken Sie das flache Pflanzloch mit einer dicken Mulchschicht aus Herbstlaub und streuen Sie etwas Erde darüber, damit die Blätter nicht davonwehen.

• Wenn Sie Ihrer geplagten Erde ein paar Löffel organischen Dünger zukommen lassen wollen, nur zu. Notwendig ist es aber nicht. Alles, was die Pflanze zur Ernährung braucht, trägt sie bereits in sich. Knochenmehl und Zwiebeldünger sind eine feine Sache, aber in der ersten Saison bekommen Sie die prächtigen Blüten sozusagen gratis.

• Vergessen Sie den auf der Packung vorgeschriebenen Pflanzabstand. Ihre Frühlingsblumen kommen auch dann, wenn sie eng beieinander wachsen.

• Grämen Sie sich nicht, wenn Sie ein paar der Zwiebeln versehentlich falsch herum, also mit dem Kopf nach unten eingegraben haben. Die Pflanzen blühen trotzdem – richtig herum. Aber achten Sie künftig besser darauf, wo oben und wo unten ist – ohne die Kurskorrektur wachsen die Zwiebeln schneller und auch besser.

• Gießen Sie nicht, tun Sie nichts weiter. Lehnen Sie sich zurück und warten. Im nächsten Frühjahr kommt Ihre große Stunde!

Wenn Sie möchten, daß alle Ihre Zwiebeln im nächsten Jahr wiederkommen

Die meisten Blumenzwiebeln stammen aus den Steppen und Bergländern Asiens. Dort ist der Winter kalt, der Frühling kurz und regenreich und der Sommer lang und trocken. In der kurzen Vegetationsperiode muß die Pflanze blühen

TIP

Diese Arten sind besonders empfehlenswert zum Verwildern unter Bäumen und Hecken und im Rasen: Anemonen, Blausternchen, Krokus, Puschkinie, Schneeglöckchen, Schneestolz, Traubenhyazinthe, Winterling. In Beeten und zwischen Stauden haben Wildkrokus und Co. dagegen keine guten Karten, weil der Boden dort häufig bearbeitet wird.

und gleichzeitig für Nachwuchs sorgen. Das ist eine unglaublich harte Arbeit. Kein Wunder, daß sie danach zur Erholung und zum Ausreifen den heißen, trockenen Sommer benötigt. Wer jahrelang Freude an seinen Frühlingsblumenzwiebeln haben möchte, muß dafür sorgen, daß sie im Sommer möglichst trokken gehalten werden, sonst können die Zwiebeln nicht ausreifen.

• Wenn die Pflanze keine Zeit hatte, in Ruhe abzuwelken, bis auch das letzte Blatt vergilbt und trocken geworden ist, wird sie nie wieder blühen. Sie bezieht nämlich alle wichtigen Nährstoffe für die nächste Saison aus den Blättern. Die welkenden Blätter

Krokusse (unten) und Buschwindröschen (ganz unten) gehören zu den ersten Frühlingsboten. Wenn erst die Narzissen in den Parks und Gärten blühen (großes Foto), ist der Mai nicht mehr fern.

Vorfrühlingsblüher

Im Februar blühen:

- Winterling
  Eranthis hyemalis, gelb
- Schneeglöckchen,
  Galanthus, weiß
- Zwergiris
  Iris histroides "Major", blau
- verschiedene Wildkrokusse:
  Crocus imperati, hell-lila (der früheste Krokus)
  Crocus ancarenses, gelb
  C. biflorus ssp. Alexandri weiß mit lila Rand
  Crocus ssp. biflorus, weiß
  Crocus corsicus, weiß-lila
  Crocus etruscus Zwanenburg, hellviolett
  Crocus tomasinianus, lavendelfarben
  Crocus dalmaticus, rötlich-violett
  Scilla tubergeniana, weiß

Im März blühen:

- Vorfrühlingsanemone
  Anemone blanda, blau, rosa, lila
- Blausternchen, *Scilla sibirica*, weiß und blau
- Schneestolz *Chionodoxa luciliae*, blau-weiß
- Zwerghyazinthe, *Puschkinia scilloides*, blaßblau
- weitere Wildkrokusse:
  Crocus angustifolius
  Crocus candidus
  Crocus Chrysanthus
  Crocus flavus
  Crocus fleischeri
  Crocus sieberi
- Die ersten größeren Gartenkrokusse, z.B.
  Crocus neapolitanus
- Frühe gelbe Narzissen:
  Narcissus asturiensis
  Narcissus cyclamineus
  Narcissus incomparabilis
  Narcissus juncifolius
  Narcissus minor
  Narcissus pseudonarcissus (Osterglocke)
- Frühe Wildtulpen:
  Tulipa Kaufmanniana
  Tulipa praecox
  Tulipa turcestanica
- Zwerghyazinthen
  Puschkinia weiß, blauweiß
- Zwergiris
  Iris bucharica, weiß-gelb
  Iris danfordiae, hellgelb
  Iris reticulata, purpur, hellblau, dunkelblau, violett
- Märzenbecher, *Leucojum vernum*

abzuschneiden, auch wenn sie noch so häßlich aussehen, bedeutet, die Pflanze dem Hungertod auszuliefern. Wenn Sie Ihre Zwiebeln in der nächsten Saison wiedersehen möchten, müssen Sie also in Ruhe abwarten, bis sie sich zurückgebildet haben. Die verblühte Blüte allerdings muß möglichst bald entfernt werden. Die Kraft, die von der Pflanze in die Samenbildung investiert wird, geht der Zwiebel verloren.

• In der zweiten Saison, während der Wachstumsphase (also im Frühjahr) braucht die Pflanze zusätzlichen Dünger. Horn- und Knochenmehl und verrotteter Stallmist sind hierfür ideal. Und nun brauchen Sie nur noch zu pflanzen!

Wenn Sie den Vorfrühling nicht verpassen möchten

Es müssen längst nicht immer nur Schneeglöckchen sein. Pflanzen Sie die Zwiebeln (siehe Tabelle, linke Seite) im Herbst an einen windgeschützten, sonnigen Platz. Sie können sicher sein, daß Sie nicht nur die früheste, sondern auch die bunteste Vorfrühlingsecke in der ganzen Nachbarschaft haben werden. Viele Sorten beginnen schon im Februar mit der Blüte. (Wir nennen hier außer den deutschen auch die botanischen Namen, damit Sie, wenn Sie Ihre Zwiebeln per Katalog bestellen oder aussuchen, genau wissen, wonach Sie schauen müssen.)

Frühlingsblumen aus Zwiebeln

Aus der großen Zahl der Frühlingsblüher haben wir in unserem kleinen ABC der Blumenzwiebeln die schönsten und unkompliziertesten Sorten für Sie ausgewählt

Hitliste

Anemone
Blaustern
Hyazinthe
Iris
Krokus
Narzisse
Puschkinie
Schneeglöckchen
Schneestolz
Traubenhyazinthe
Tulpe
Winterling

ANEMONE

Anemone spec.

Auf einen Blick
Standort: Sonne oder Halbschatten
Boden: feuchter, humöser Waldboden
Blütezeit: Je nach Sorte März bis Mai
Höhe: 10-20 cm
Farbe: blau, pink, lila, weiß, hellgelb

Die zarten Anemonen (Windröschen) gehören zu den ersten Frühlingsboten. Da sind zum einen die Wildsorten, vor allem das weiße Buschwindröschen (*Anemone nemorosa*), das weiß-gelbe Goldwindröschen (*Anemone ranunculoides*) und die zartlila-farbene Strahlenanemone (*Anemone appenina*), die erst im April blüht, wenn die anderen schon verblüht sind.

Die "Wilden" stammen aus dem Wald und brauchen deshalb schattigen, feuchten, humosen Waldboden, wenn sie in unseren Gärten gedeihen sollen.

Mindestens genau so schön, und, was Platz und Boden betrifft, nicht so anspruchsvoll, ist, das Prachtwindröschen (*Anemone blanda*) mit seinen Blütensternen in weiß, dunkelrosa und in verschiedenen Blautönen. Die *Anemone blanda* stammt aus den lichten Wäldern Südosteuropas und liebt kalk- und lehmhaltigen Boden, der auch mal trocken sein darf. Sie fühlt sich auch im Garten wohl und zählt dort zu den frühesten Blühern.

Pflanzen Sie möglichst viele der kleinen Knollen; je mehr Anemonen auf einer Stelle stehen, desto schöner sieht es aus.

Fast immer sind Anemonen, wenn man ihre Standortwünsche erfüllt, problemlos.

TIP
Kenner legen die Knollen vor dem Pflanzen eine Nacht lang in Wasser. Sie quellen dann auf und bilden schneller Wurzeln

Sie blühen fleißig. Sie vermehren sich kräftig (durch Ausläufer, wie *Anemone nemerosa* und *Anemone ranunculoides*) oder ganz einfach durch den Wind. Dieser gab ihnen übrigens auch ihren Namen: Anemos heißt auf griechisch "Wind".

Anemonen stammen ursprünglich aus dem Wald. Dort blüht das lila Buschwindröschen (großes Foto) schon im März. Etwa einen Monat später folgen die Gartenformen (oben).

Allerdings empfiehlt sich ein Winterschutz aus Laub und Reisig. Nach einigen Jahren läßt die Blühkraft nach. Wenn sich bis dahin noch nicht genügend Nachwuchs gebildet hat, pflanzen Sie am besten neue Knollen.

Blausternchen

Scilla

Auf einen Blick
Standort: Halbschatten, unter Bäumen und Sträuchern
Boden: gern humusreich, nahrhaft, gibt sich aber auch mit weniger zufrieden.
Höhe: 15-25 cm
Blütezeit: Februar bis Mai
Farbe: blau, weiß

Das Blausternchen kommt in über 100 verschiedenen Varianten vor. In unserem Klima können aber nur ein paar Arten überleben. Zu denen, die bei uns heimisch sind, gehören *Scilla bifolia*, *Scilla sibirica* und *Scilla tubergeniana*. Den Anfang macht mit eisblauen, an Glocken erinnernden Blüten, die *Scilla tubergeniana* – sie blüht oft schon im Februar, dicht gefolgt von dem leuchtend-klaren Blau der *Scilla sibirica*, die nur 2-3 Blüten an jeder Traube hat, dafür aber viele Trauben hervorbringt, und der *Scilla bifolia* mit ihren hellblauen Trauben. Gelegentlich gibt es auch weiße Züchtungen der *Scilla*, doch mit der Wirkung der

TIP

Falls Sie Glück haben und irgendwo die Sorte Scilla nutans oder Scilla non-scripta oder Hyazinthoides non-scripta ausfindig machen, greifen Sie zu. Hinter der verwirrenden Vielfalt lateinischer Namen versteckt sich ein und dieselbe Pflanze – die Engländer lieben sie innig und bezeichnen sie einfach als Blue Bells. Die wilde Hyazinthe mit den dunkelblauen Hasenglöckchen könnte man fast als die Nationalblume Englands bezeichnen. Wenn im Mai in den Londoner Parks die Blue Bells blühen, wird das in der London Times erwähnt!
In Deutschland werden die Blue Bells leider nur selten angeboten. Dabei gedeihen sie auch in unserem Klima problemlos und eignen sich, wie alle Scilla-Sorten, wunderbar zum Verwildern.
In wenigen Jahren haben sich ganze Teppiche von Blue Bells gebildet.

Blue Bells können sie einfach nicht Schritt halten.
Im Mai/Juni blüht dann schließlich noch die *Scilla hispanica.* Sie ist die große Schwester des kleinen Blausternchens, ca. 30 cm hoch, hat weiße, blaue und pinkfarbene Blüten und ist hervorragend zum Verwildern im Garten geeignet. Manchmal finden Sie die *Scilla hispanica* übrigens auch unter der Bezeichnung *Hyacinthoides hispanica.* Lassen Sie sich dadurch nicht verwirren, es handelt sich um die gleiche Pflanze!
Scillas sind fast ausnahmslos winterhart und vermehren sich durch Brutzwiebeln und durch Aussaat.

HYAZINTHE

Hyacinthus

Auf einen Blick
Standort: sonnig, warm, windgeschützt
Boden: sandig, durchlässig
Höhe: 10-30 cm
Blütezeit: April, Mai
Farben: weiß, blau, rosa, gelb

Es gibt Menschen, die die etwas steife Form der großblumigen Hyazinthen nicht mögen. Darüber läßt sich streiten. Nicht jedoch über den Geruch. Der intensive Duft der Hyazinthen gehört ganz einfach zum Frühling. Aus den unzähligen Sorten, die im Handel angeboten werden, lassen sich viele Farbkombinationen zusammenstellen.

Hyazinthen lieben Sonne und Wärme, doch wenn es gar nicht anders geht, blühen sie (etwas später) auch an kühlen, schattigen Plätzen. Nur Staunässe können sie absolut nicht vertragen!
Wenn Sie Ihre Hyazinthen im Boden lassen, kommen sie zwar im darauffolgenden Frühjahr meist wieder, aber von der Pracht des ersten Jahres ist nicht mehr viel übrig: Die Pflanzen entwickeln sich zu ihrer Urform (Hyazcinthus orientalis) zurück und bekommen viel weniger – und viel kleinere Blüten. Sie sind aber immer noch schön und duften auch noch genauso intensiv. Wenn Sie auch im nächsten Jahr großblütige Hyazinthen haben wollen, müssen Sie entweder neue pflanzen oder aber die alten nach der Blüte herausnehmen, trocken aufbewahren und im Herbst wieder neu auspflanzen.

Frühlingsblüher

Im April blühen:

Natürlich blühen die meisten Märzblumen auch noch im April. Es kommen aber auch noch einige typische Aprilblüher hinzu.

- Weitere Wildtulpen und einige frühe Gartentulpen:
  Tulipa clusiana
  Tulipa eichleri
  Tulipa fosteriana
  Tulipa greigii
  Tulipa praestans
- Gartenhyazinthen
  hyacinthus orientalis (gelb, weiß, blau)
- Narzissen (gelbe, weiße)
  Narcissus johnstonii
  Narcissus jonquilla
  Narcissus odorus
  Narcissus poeticus
- Traubenhyazinthen (blau)
  Muscari armeniacum
  Muscari neglectum
  Muscari aucheri
- Milchstern
  Ornitholganum umbellatum
- Schachbrettblumen (weiß-gelb und lila)
  Frittilaria meleagris
- Kaiserkrone (orange, gelb)
  Frittilaria imperialis

Im Mai blühen:

Viele der Aprilblüher blühen bis in den Mai hinein. Als typische Maizwiebelpflanzen kommen dann noch hinzu:

- Glockenscilla *(Scilla hispanica)* blau, weiß, rosa
- späte Garten- und Wildtulpen:
  T. marjoletti
- Zierlauche *(Allium acuminatum, narcissiflorum, roseum)*
- späte Hyazinthen.

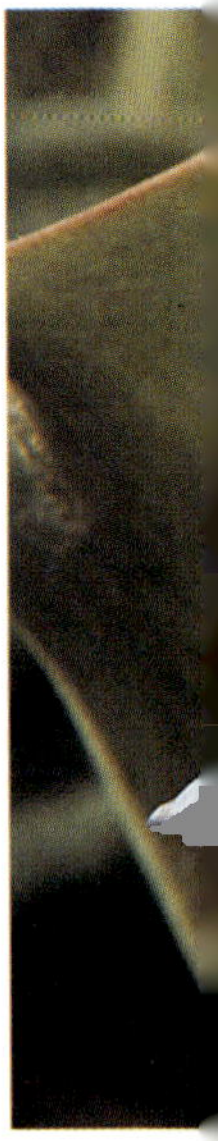

Robuster als die empfindlichen Gartenhyazinthen (oben links) sind die zierlichen Wildformen (oben rechts). Von den über 100 Arten des Blausternchen, (rechts) gibt es sicher auch einige, die in Ihren Garten passen.

TIP

Pflanzen Sie nicht die größten Hyazinthenzwiebeln, die Sie finden können, sondern die nächstkleinere Sorte. Ideal: Die "Holländische Hyazinthe". Die großblumigen Arten sind so schwer, daß sie jeder Wind umpusten kann!

IRIS

Iris

Auf einen Blick
Standort: geschützt
Boden: gut drainiert, sandig, kalkhaltig, feucht
Höhe: 8-15 cm
Blütezeit: Februar, März
Farben: gelb, blau, violett, weiß

Zu den Iris-Verwandten gehören über 200 Mitglieder. Keine Angst, wir stellen Ihnen hier nur einen ganz kleinen Teil der weitverzweigten Sippe vor, die Frühlingsblüher, die im Handel angeboten werden: *Iris histroides, Iris danfordiae* und *Iris reticulata.*
Iris wachsen aus Zwiebeln. Auch da interessieren uns nur die Zwerge, die im Frühling blühen. Von den hübschen Liliputanern, die oft schon Ende Februar, mit Sicherheit aber im März aus der harten Erde lugen, ist *Iris histroides*, aus Armenien stammend, die erste. Sie ist ganze 10 cm hoch und hat eine ultramarinblaue Blüte ohne jedes Blattwerk. Plötzlich steht sie an einem sonnigen Februartag da. Und wenn sie sich irgendwo sehr wohlfühlt, vermehrt sie sich nicht nur durch die Brutzwiebeln, sondern sogar durch Samen. Der nächste Zwerg erscheint nur ein paar Tage später, stämmig, 8 cm hoch, hellgelb, mit dreieckigen Blüten: *Iris danfordiae.* Ungefähr 5 cm größer ist *Iris reticulata*, die bekannteste und robusteste Sorte.
Die Blüten erscheinen erst, wenn die ersten Blättchen zu sehen sind. Von der *Iris reticulata* gibt es zahlreiche Kreuzungen in verschiedenen Blautönen, in Purpur, Weiß und sogar mit Flecken und Tupfen in Kontrastfarben.

TIP

Einige Irissorten duften wunderschön. Achten Sie auf die folgenden Namen:
Iris reticulata Clairette
Iris reticulata Joyce
Iris reticulata Harmony

Sie alle vertragen sich ausgezeichnet mit den anderen Frühblühern, vor allem mit Schneeglöckchen und Winterlingen, und lassen sich auch durch Eis und Schnee nicht vom Blühen abhalten. Feuchtigkeit brauchen sie nur während der Wachstumsperiode. Nach der Blüte möchten sie jedoch trocken stehen. Eine Mulchdecke als Feuchtigkeitsschutz im Sommer ist noch wichtiger als Schutz vor Frost und Kälte im Winter.
Die *Iris reticulata* übersteht einige Sommer und Winter im Garten. Die übrigen Sorten sollten jedoch nach Möglichkeit ausgegraben werden, sobald sich die Blätter zurückgebildet haben. Bis zum Herbst trocken in einer Kiste mit Sand aufbewahren.

KROKUS

Crocus

Auf einen Blick
Standort: Sonne bevorzugt
Boden: normaler Gartenboden
Höhe: 5-20 cm
Blütezeit: Februar, März
Farben: gelb, blau, violett, weiß, zweifarbig

Der Krokus ist der Inbegriff von Frühling. Wenn die ersten Sonnenstrahlen zögernd den Boden erwärmen, ist er plötzlich da, ohne jede Voranmeldung. Fast immer sind die gelben die ersten.
Man kennt etwa 80 verschiedene Krokusarten und zahllose Kreuzungen. Sie stammen aus dem gesamten Mittelmeerraum. Die einzelnen Arten kann man fast nicht auseinanderhalten, so zahlreich sind sie. Doch es gibt zwei Gruppen, die Sie sich leicht einprägen können: Wildkrokusse (botanische Krokusse) und Gartenkrokusse. Wildkrokusse duften wunderschön und blühen ein bis zwei Wochen früher als Gartenkrokusse, dafür haben Gartenkrokusse die größeren Blüten.
Alle Krokusse lieben einen sonnigen Platz mit viel Feuch-

TIP
Krokushorste, die sich stark vermehrt haben, sollten Sie nach einigen Jahren im Sommer ausgraben, reinigen, trocknen und dann im nächsten Herbst in kleinen Grüppchen wieder einpflanzen.

TIP

Niemand weiß so recht, warum die Amseln die armen Krokusse attackieren. Aber man hat herausgefunden, daß die schwarzen Killer sich ablenken lassen, wenn man eine Schale Wasser in die Nähe der Krokusse stellt. Dann trinken sie lieber! Falls das nicht hilft, und Sie dem Krokusmord nicht länger tatenlos zuschauen können, geben Sie einen Tropfen Kampferöl auf die Blüten. Den Krokussen macht das nichts aus, aber die Amseln verabscheuen den Geruch!

Bei den Krokussen sind die Wildsorten die ersten (links). Gartenkrokusse (links oben) sind etwas größer und blühen meist zwei Wochen später.

Zwergirisgewächse (oben) schauen manchmal schon an einem sonnigen Februartag aus dem Boden. Am frühesten blühen fast immer die blauen Sorten.

tigkeit im Frühjahr und Trokkenheit im Sommer. Wer Krokusse im Rasen haben möchte, sollte sie in großen Horsten setzen – am besten dort, wo der Rasen ohnehin spärlich wächst, denn sonst werden die Krokusse von dem immer dichter werdenden Rasen abgedrängt. Besser geeignet sind Steingarten, Rabatten und Terrassenbeete oder auch Plätze unter Bäumen und Büschen.

Gefährliche Feinde sind Mäuse, die sich unterirdisch über die Knöllchen hermachen, und natürlich auch die Amseln. Sie hacken nämlich voll Übermut den soeben erblühten Krokussen die Köpfe ab. Wenn sie sie dann wenigstens noch auffressen würden! Aber sie denken nicht mal dran, sondern lassen sie einfach achtlos liegen! Besonders gefährdet sind die gelben Sorten!

Farbskala der Krokusse

Wenn Sie bestimmte Farbkompositionen planen: Hier finden Sie Krokusse, nach Farben geordnet.

Weißblühende Sorten:

Blue Bird
Ladykiller
Snow Bunting
Biflorus ssp. Biflorus
Fleischer
White Swan
Eye-Catcher

Gelbe Sorten:

Ancyrensis
Creme beaut
Flavus ssp.
Flavus Mariette
Nanette
Advance
Buttercup
E. P. Bowles
Goldilocks
Saturnus
Sunkist
Zwanenburg
Bronze

Blau-lila Sorten:

Blue Pearl
Blue Peter
Prinzess Beatrix
Violet Queen
Tomasinianus
Sieberi
Blue Bird
Prinz Claus
Minimus, Etruscus
Zwanenburg

Narzisse

Narcissus

Auf einen Blick
Standort: Sonne, Halbschatten, Schatten
Boden: locker, sandig, lehmhaltig
Höhe: je nach Sorte 10-50 cm
Blütezeit: Februar bis Mai/Juni
Farben: weiß, gelb, orange

Ein Frühlingsgarten ohne Narzissen ist gar nicht denkbar. Narzissen sind die idealen Frühlingsblumen. Sie blühen leicht, sind unkompliziert und können oft jahrelang im Boden bleiben.

TIP
Es ist ein weitverbreiteter Irrtum, einen Narzissenstrauß in eine hohe, bis zum Rand mit Wasser gefüllte Vase zu stellen. Alle Mitglieder der großen Narzissenfamilie fühlen sich am wohlsten, wenn der Boden der Vase nur zwei Finger hoch bedeckt ist.

Viele Arten eignen sich hervorragend zum Verwildern unter Büschen, Bäumen und auf Wiesen. Narzissen stammen zum großen Teil aus dem westlichen Mittelmeergebiet, nur einige Sorten kommen auch weiter östlich bis zu den Karpaten wildwachsend vor. Holland gilt immer noch als Zentrum der Narzissenzüchtung, aber England und auch die USA ziehen kräftig nach. Dort sind Narzissen mittlerweile fast so beliebt wie bei uns die Rosen! In den letzten 50 Jahren wurden über 5 000 Neuzüchtungen registriert. Zum Glück gibt es "nur" noch 500 Sorten davon im Handel. Es ist fast aussichtslos, aus Fülle und Vielfalt der großen und der kleinen, der Gartennarzissen und der Wildnarzissen, der gefüllten und der einfachen Sorten einige herauszuheben.
Versuchen wir es trotzdem:

Trompetennarzissen (Osterglocken)
Sie sind 40-50 cm hoch und blühen im März und im April gelb (das sind die Klassiker!). Aber sie sind auch in Weiß und mit zweifarbigen Blüten erhältlich!

Gefüllte Narzissen
Sie blühen im April und Mai, in allen nur denkbaren Farbkombinationen von Weiß, Gelb und Orange, und eignen sich sehr gut als Schnittblumen.

Narzissen sind der Inbegriff des Frühlings. Sie gedeihen fast überall und vermehren sich kräftig. Unter den zahllosen Narzissensorten gehört die weiße Dichternarzisse (oben) zu den schönsten. Sie läßt auch am längsten von allen auf sich warten - Dichternarzissen blühen nicht vor Mai.

Triandrus-Narzissen (Engelstränen-Narzissen)
Sie tragen im April und Mai an jedem Stiel bis zu sechs nach unten geneigte, weiße oder gelbe Blüten und vertragen Sonne, Schatten und feuchte Standorte.

Cyclamineus-Hybriden (Alpenveilchen-Narzissen)
Unkomplizierteste Narzissenart überhaupt. Sie ist ideal zum Verwildern geeignet und blüht nicht nur sehr früh, sondern auch sehr lange – bis zu fünf Wochen. Alpenveilchen-Narzissen sind als Zwerge und als Riesen erhältlich.

Jonquillen (Duftnarzissen)
Sie blühen im späten Mai und im Juni, duften wunderschön und wünschen sich einen warmen Standort! Sie sind frostempfindlich!

Poeticus-Hybriden (Dichternarzissen)
Die Dichternarzissen blühen und duften im Mai. Sie sind die natürlichsten und wunderschön in ihrer Schlichtheit – sie inspirieren sogar Dichter. Fast alle tragen je Stengel nur eine Blüte.

Wildnarzissen
Immer mehr in Mode kommen die kleinblumigen Wildnarzissen, von denen viele Sorten aus England stammen. Die früheste von allen ist zugleich die kleinste: Narcissus asturiensis erscheint oft schon im Februar. Wunderhübsch, aber nicht ganz pflegeleicht: ist die *Narcissus bulbocodium*, die kleine witzige Reifrocknarzisse.

PUSCHKINIE

Puschkinia

Auf einen Blick
Standort: lichter Schatten
Boden: unkompliziert
Höhe: 10-15 cm
Blütezeit: April, Mai
Farbe: hellblau und weiß

Falls Ihnen die große Hyazinthe absolut nicht gefällt, gibt es auch noch eine kleine, liebenswerte und nur 15 cm hohe Zwerghyazinthe, botanisch *Puschkinia*, so benannt nach dem russischen Dichter Puschkin. Sie blüht in weiß oder blauweiß schon im März und vermehrt sich, wenn sie nicht durch Hacken gestört wird, in kurzer Zeit.

Schneeglöckchen

Galanthus

Auf einen Blick
Standort: Sonne und Halbschatten
Boden: anspruchslos
Höhe: 10-20 cm
Blütezeit: Februar, März
Farbe: weiß

Die Schneeglöckchen stammen aus Südosteuropa, Kleinasien und dem Kaukasus.

> **TIP**
> *Wenn Sie Ihre Nachbarn mit echten Schneeglöckchen im Oktober und November verblüffen wollen: Die Sorte G. reginae olgae blüht zusammen mit den Herbstzeitlosen!*

Auch wenn man es nicht auf Anhieb erkennen kann – es gibt fünfzehn verschiedene Arten und davon viele Varianten mit unterschiedlicher Höhe und unterschiedlich großer Glocke. Wer ganz früh Schneeglöckchen im Garten haben will, muß *Galanthus elwesii* pflanzen. Das sind die ersten! Wenn Schneeglöckchen einen feuchten Frühling und einen trockenen Sommer erleben, vermehren sie sich rasch und bilden überall im Garten kleine Horste, sogar auf dem Rasen. Wenn der Rasen zum erstenmal gemäht werden muß, sind sie längst verschwunden.

Schneestolz

Chionodaxa

Auf einen Blick
Standort: Sonne und Schatten
Boden: humusreich und etwas feucht
Höhe: 15-25 cm
Blütezeit: März/April
Farben: weiß, blau, pink, lila

Das erste Schneestolz wurde von einem Pflanzensammler in den Bergen Kleinasiens in 2000 m Höhe im schmelzenden Schnee entdeckt. Kein Wunder, daß den frühen Frühlingsblühern auch unser Klima keine Schwierigkeiten macht.

> **TIP**
> *Wenn Sie nach Farben pflanzen wollen – suchen Sie nach den folgenden Sorten: Weiß: Chionodaxa gigantea alba; blauviolett: Ch. gigantea; porzellanblau: Ch. sardensis; pink: Ch. luciliae pink giant.*

Die schneeweiße Puschkinie (oben), der lila Schneestolz (oben Mitte) und die meist blauen, gelegentlich aber auch weißen Traubenhyazinthen (ganz rechts) lösen ab März das Schneeglöckchen (unten Mitte) im Frühlingsgarten ab.

Sie gedeihen auf humusreichem Boden fast überall und vermehren sich kräftig. Manchmal säen sie sich sogar selber aus. Übrigens sehen sie der *Scilla*, den Blausternchen, zum Verwechseln ähnlich!

TRAUBENHYAZINTHE

Muscari

Auf einen Blick
Standort: Sonne oder lichter Schatten unter Gehölzen
Boden: durchlässig, sonst anspruchslos
Höhe: 10-20 cm
Blütezeit: März bis Mai
Farben: verschiedene Blautöne, weiß

Die kleine Traubenhyazinthe in den verschiedensten Blautönen wie kobaltblau, himmelblau, dunkelblau, manchmal sogar an ein und derselben Pflanze oder zur Abwechslung auch mal in Weiß (M. bothryoides album), ist völlig unkompliziert. Wenn man ihr den richtigen Standort zugesteht, blüht sie den ganzen April und Mai hindurch (manchmal beginnt sie sogar schon im März). Sie vermehrt sich schnell, besonders an einem hellen sonnigen Platz.

TIP

Traubenhyazinthen sehen besonders schön in großen Trupps aus. Pflanzen Sie sie zusammen mit gelben Krokussen oder Zwergnarzissen oder auch mit kleinen roten Wildtulpen.

TULPE

Tulipa

Auf einen Blick
Standort: sonnig
Boden: durchlässig, nicht zu schwer
Höhe: 10 - 75 cm
Blütezeit: März bis Juni
Farben: fast alle

Es ist fast unmöglich, alle Tulpen zu kennen. Seit um die Mitte des 16. Jahrhunderts die ersten Exemplare aus der Türkei nach Europa gebracht worden sind, erleben wir einen ununterbrochenen Tulpenrausch, in dessen Verlauf buchstäblich Tausende von Sorten gezüchtet wurden: von winzig klein (10 cm) bis über einen halben Meter hoch, von schneeweiß bis fast schwarz,

von ganz früh (bis Anfang März) bis ganz spät (Ende Juni). Es gibt Frühblühende, Mittelfrühblühende, Spätblühende. Einfache, gefüllte Hybriden (die meisten) und Wildtulpen sind wieder im Kommen. Sie alle gedeihen auch in Ihrem Garten, wenn Sie beim Pflanzen ihre Herkunft berücksichtigen.
Tulpen stammen aus Kleinasien, dem Kaukasus und dem östlichen Mittelmeer.
Das bedeutet kalte Winter, spätes Frühjahr mit viel Feuchtigkeit durch schmelzenden Schnee und kurze, heiße, trokkene Sommer. Für ein Leben in unserem Garten heißt das: Jeder Boden ist in Ordnung, solange dort keine Staunässe im Boden herrscht und die Tulpen im Sommer einen trockenen, sonnigen Platz haben, wo sie in Ruhe ausreifen können.
Um sich im Gewirr der 4 000 Tulpensorten auch nur einigermaßen zurechtzufinden, haben die Züchter Kategorien nach Blütezeiten gebildet. Wenn Sie sich diese Einteilung nach Klassen merken, tun Sie sich bei der Auswahl der Zwiebeln sicherlich ein wenig leichter.

Frühblühende Tulpen
(blühen ab Mitte April)
Klasse 1:
Einfache frühe Tulpen
Klasse 2:
Gefüllte frühe Tulpen

Sortenbeispiele für frühblühende Tulpen
Apricot Beauty, lachsrosa
Christmas Dream, rot
Flair, rot
Peach Blossom, rosa, duftend
Schoonoord, weiß, duftend

Mittelfrühblühende Tulpen
(ab Ende April/Anfang Mai)
Klasse 3:
Triumph-Tulpen
Klasse 4:
Darwin-Hybrid-Tulpen

Sortenbeispiele für mittelfrühblühende Tulpen
Coquette, weiß
Midori, rosa
Peer Gynt, fuchsienrot
Pink Impression, pink
Golden Parade, goldgelb

Spätblühende Sorten
(blühen ab Mitte Mai)
Klasse 5: einfache späte Tulpen
Klasse 6: Lilienblütige Tulpen

Der goldgelbe Winterling (links), der manchmal noch früher blüht als das Schneeglöckchen, ist weithin unbekannt.

Klein, aber oho: die - verglichen mit den hochbeinigen Schwestern aus Parks und Gärten (links) - winzigen Wildtulpen (oben). Sie werden nur 10-12 cm groß.

Klasse 7: gefranste Tulpen
Klasse 8: Viridflora-Tulpen
Klasse 9: Rembrandt-Tulpen
Klasse 10: Papageien-Tulpen
Klasse 11: Gefüllte späte Tulpen

Sortenbeispiele für späte Tulpen
Bleu aimable, bläulich
Jaqueline, rosa
Maja, mimosengelb
Eye-catcher, rot
Ballerina, orange

Außer diesen Gartentulpen gibt es noch die Botanischen Tulpen (das waren in der freien Natur gefundene Arten).

Botanische Tulpen
Klasse 12: Kaufmannia-Tulpen
Klasse 13: Fosteriana-Tulpen
Klasse 14: Greigii-Tulpen

Einige Sortenbeispiele für botanische Tulpen
Berlioz, dunkelgelb
Love song, mandarinrot
Fritz Kreisler, lachsfarben
Buttercup, ostereigelb

Wildtulpen
Bleiben noch die echten Wildtulpen, die Urform, aus der alle Tulpen entstanden sind. Die meisten sind nur 10-12 cm hoch und tragen auf ihren kurzen Stielen kleine, sternförmige Blüten. Im Gegensatz zu ihren hochbeinigen Schwestern können die Wildtulpen jahrelang am gleichen Platz stehen bleiben. Wenn sie sich dort wohlfühlen, verwildern sie sogar.

Einige Sortenbeispiele für Wildtulpen
Red jewel, hellrot
Batalinii, zartgelb
Aucheriana, rosa
Tarda, weiße Blüten mit goldgelbem Fleck
Violacea, pink

TIP
Wildtulpen gedeihen am besten an einem vollsonnigen Platz. Der Boden sollte im Sommer möglichst gut austrocknen können. Ideale Stellen sind Plätze vor Mauern und Nischen, die die Wärme speichern.

Winterling

Eranthis

Auf einen Blick
Standort: Sonne oder Halbschatten
Boden: feucht, anspruchslos
Höhe: 5-10 cm
Blütezeit: Februar, März
Farbe: gelb

Das Schneeglöckchen kennt fast jeder, der Winterling dagegen ist meist ziemlich unbekannt. Dabei ist er wirklich nicht zu übersehen, wenn er im Februar seine goldgelben Kugelblüten mit grünem Kragen durch die gefrorene Erde schiebt. Den Winterling kann man unter Gehölzen und sogar auf dem Rasen verwildern lassen, er ist völlig unkompliziert – solange Sie die kleinen Knöllchen nicht beim Hacken mit ausgraben!

Frühling für Ungeduldige

Schon im Februar gibt es plötzlich überall die bunten Töpfchen, die im Nu Frühlingsstimmung zaubern: Primeln, Maßliebchen, Stiefmütterchen und Vergißmeinnicht. Für ungeduldige Blumenfreunde ist die Versuchung groß. Sie kaufen die ersten Primeltöpfchen lange bevor sie eine Chance haben, im Garten zu überleben. Stellen sie ans Küchenfenster, pflanzen sie in Töpfe und Schalen – und fragen schließlich beim Gärtner voll Ungeduld und wider besseres Wissen, ob die kleinen bunten Primeln, Tausendschön, Stiefmütterchen und Vergißmeinnicht wirklich keinen Nachtfrost überstehen. Wenn der Gärtner anstelle einer geschäftsschädigenden Antwort die Schultern hochzieht, gehen sie voller Optimismus mit einem Arm voll Primeln nach Hause, und bald folgen die ersten Vergißmeinnicht. Das ist völlig in Ordnung, solange Sie den Frühling in Töpfe pflanzen, die Sie zur Not an kalten Tagen und Nächten ins Haus holen oder wenigstens mit einer warmen Decke schützen können. Denn Minustemperaturen überstehen diese Frühlingsboten nicht. Wenn sie kein Risiko eingehen wollen, müssen Sie noch ein paar Wochen warten. Dann sind, um vieles robuster, die ersten Frühlingsboten vom Freiland auf dem Markt.

Frühling aus der Tüte, Frühling vom Markt

Die Blumenzwiebeln waren ein furioser Auftakt. Aber jetzt folgt der bunte Reigen der Frühlingsblumen!

Hier können nun auch alle diejenigen Hobbygärtner einsteigen, die die Blumenzwiebeln verpaßt haben. Übrigens, so pflegeleicht und überwältigend die Zwiebelblüher auch sind, es wäre keine gute Idee, im Garten nichts weiter als Zwiebelpflanzen zu haben.
Nach der Farborgie im März und April wäre es dann mit der ganzen Pracht allmählich vorbei. Aber es soll ja durchblühen, immer neue Farben, immer neue Sorten.
Also geht es weiter. Zusätzlich zu den Zwiebeln, die blühen, schon geblüht haben oder noch blühen werden, gibt es zwei weitere Möglichkeiten, den Frühling in Ihren Garten zu bringen:
1. Mit Stauden, die Sie in der Gärtnerei oder auf dem Markt kaufen.
2. Mit einjährigen und zweijährigen Frühlingsblumen aus der Samentüte.
Am einfachsten ist es zweifellos, Pflanzen zu kaufen und in den eigenen Garten umzusiedeln. Das hat eine Menge Vorteile:

- Sie kaufen nicht die Katze im Sack.
- Sie ersparen sich eine Menge Arbeit.
- Sie gehen ein viel geringeres Risiko ein als beim Säen.
- Wenn sie im Frühjahr pflanzen, gewinnen sie, was die Blütezeit betrifft, sogar einen kleinen Vorsprung. Containerpflanzen aus den Gärtnereien sind ihrer Gartenverwandschaft zeitlich meist ein wenig voraus.

Aber es gibt trotzdem ein paar Dinge, die Sie beherzigen müssen, damit es den Stauden in Ihrem Garten gut geht.

Frühlingsstauden, Frühlingspflanzen

Als Stauden bezeichnet man Blühpflanzen, die einige oder viele Jahre hintereinander immer wiederkommen. Dabei kann es durchaus passieren, daß es von ein und derselben Blumenart sowohl ein- oder zweijährige Frühlingsblumen als auch mehrjährige Stauden gibt (Frühlingsmargeriten, Frühlingsastern, Primeln, Bartnelken etc.). Lassen Sie sich dadurch aber nicht irritieren. Nehmen Sie es lieber von der nützlichen Seite. Wenn Ihnen etwa Ihre eigenhändig gesäte einjährige bunte Margerite gefällt und wenn sie sich in Ihrem Garten wohlfühlt, pflanzen Sie sie im nächsten Jahr einfach als Staude. Dann können Sie nämlich sicher sein, daß sie von allein wiederkommt, zumindest ein paar Jahre lang. Oder umgekehrt: Von einer prächtigen Margeritenstaude können Sie den Samen abnehmen und im nächsten April an einer anderen Stelle aussäen. Natürlich, so ganz ohne Arbeit geht es auch bei den Stauden nicht.

Was Stauden gern haben

• Stauden lieben offenen Boden, deshalb sollte ringsum häufig (vorsichtig) gehackt werden. Hacken fördert die Aktivität der zahllosen winzigen Lebewesen, die unterirdisch für Ordnung und für Humus sorgen. Außerdem hassen die meisten Stauden Unkraut, das ihnen die Nährstoffe wegnimmt. Wenn Sie immer mal wieder hacken, hat das gefräßige Unkraut erst gar keine Chance, in den Himmel zu wachsen.

• Die meisten Stauden brauchen viel Wasser. Wässern Sie Ihre Pflanzen lieber alle 2-3 Tage gründlich, als jeden Tag ein bißchen. Gießen Sie sie erst am Abend, damit nicht zuviel Wasser verdunstet.

• Bis auf wenige Ausnahmen freuen sich Ihre Stauden über eine Zusatzration Dünger. Schließlich müssen sie in kurzer Zeit zahllose Blüten ernähren, und das kostet Kraft. Am besten geeignet sind (immer wieder!) Kompost oder verrotteter Stallmist. Aber Stickstoff (für die Blätter und auch die Triebe) und Phosphor (für die Blüten) bekommen die Pflanzen auch aus organischen Fertigdüngern wie Horn-, Blut- und Knochenmehl, die Sie überall kaufen können.

• Bevor der Winter kommt, möchten die Stauden ein bißchen verwöhnt werden, damit sie im nächsten Jahr wieder prächtig blühen können. Da sollten Sie alle Sorten (die sich nicht schon selbst zurückgebildet haben) bis auf den Boden zurückschneiden, Unkraut entfernen und die freien Flächen zwischen den Pflanzen mulchen, d. h. 3-5 cm hoch mit gut verrottetem Kompost oder mit einer wärmenden Schicht aus Herbstlaub abdecken. Damit Ihnen der Wind das Laub nicht wegweht, bedecken Sie es am besten mit einer Schicht Erde.

So wird gepflanzt

- Erkundigen Sie sich ganz genau, ob Ihre Pflanze die Sonne liebt oder besser im Schatten gedeiht. Mag der Boden auch noch so gut sein, am falschen Standort kann die Pflanze nicht gedeihen. Sie läßt sich auch nicht bestechen, nicht einmal mit erstklassigem Humus.
- Vergewissern Sie sich, daß die Pflanze den Boden bekommt, an den sie gewohnt ist. Zwar sind die meisten Blumen in dieser Beziehung etwas kompromißbereiter als bei der Standortfrage, aber kalkliebende Pflanzen kommen in saurer Erde nie auf einen grünen Zweig.
- Am besten pflanzt man Stauden im September oder Oktober an einem trüben Tag, wenn der Boden noch warm ist. Es geht aber auch noch im Frühjahr. Graben Sie für jede Pflanze ein Loch, das so groß ist, daß man die Wurzel ohne zu knicken darin unterbringt. Es ist übrigens viel sinnvoller, Stauden nicht einzeln, sondern in kleinen Gruppen von 3-5 Stück zu pflanzen. Dann schwelgt das Auge, und es bricht Ihnen auch nicht gleich das Herz, wenn Sie einen Blumenstrauß aus Akelei und Margeriten pflücken wollen.
- Um die Feuchtigkeit zu halten, deckt man den Boden nach dem Pflanzen ringsum mit organischem Material 5-8 cm hoch ab. Dazu eignet sich verrotteter Kompost, Mist, Gartenerde, zur Not auch Torf. Zusätzlich hilfreich ist noch eine Ration organischer Dünger. Man rechnet pro Quadratmeter etwa 120 g Horn- und Knochenmehl.

Containerstauden

Viele Frühlingsblüher kauft man gleich im Container. Das ist auch praktisch, denn Containerpflanzen kann man zu jeder Jahreszeit in die Erde setzen. Tauchen Sie den Container in einen Eimer mit Wasser, damit sich der Wurzelballen vollsaugen kann. Inzwischen heben Sie ein Loch aus, das nur etwas größer ist als der Topf. Vermischen Sie die Erde mit etwas Kompost. Nehmen Sie die Pflanze aus dem Behälter und stellen sie in das Loch. Sie darf nur so tief stehen wie im Topf. Danach wird die Pflanzstelle mit Erde aufgefüllt, leicht angedrückt und gewässert.

Wer den Frühling aus Blumenzwiebeln verpaßt hat, kann ab April nach Herzenslust pflanzen.
Die Frühlingsblüher, die Sie nun überall in kleinen Töpfen kaufen können, wachsen problemlos auch in Ihrem Garten an. Besonders wohl fühlen sie sich, wenn Sie ein wenig Kompost unter die Erde mischen.

Vermehrung

Sie werden rasch merken, ob sich die Stauden in Ihrem Garten wohlfühlen. Sie breiten sich dann nämlich so aus, daß man nach der ersten Begeisterung schließlich gar nicht mehr weiß, wohin damit.
Da hilft dann nur Teilen und an anderer Stelle neu pflanzen oder an Nachbarn verschenken. Viele Stauden lieben es übrigens, geteilt und umgepflanzt zu werden. Sie wachsen dann wieder mit neuer Kraft.

So teilen sie Ihre Stauden

Heben Sie die Pflanze vorsichtig mit der Grabgabel aus dem Boden.
Kleine Teile junger Stauden lassen sich mit der Hand abreißen. Alte stark durchwurzelte Ballen muß man mit der Hacke oder mit dem Spaten durchhauen. Dann schneidet man mit einem scharfen Messer einzelne Teile ab. Holzige oder beschädigte Triebe und Wurzeln werden entfernt.

TIP

Durch regelmäßiges Entfernen welker Blüten können Sie verhindern, daß Pflanzen Samen bilden. Die Pflanzen bemühen sich dann, ihre Art dadurch möglichst lange zu erhalten, daß sie fortlaufend blühen.

Schädlinge

Auch in einem biologisch bearbeiteten Garten kommen Schädlinge vor. Aber die Chancen sind hier größer, daß sie nicht zur Plage werden. Wer trotzdem nicht mitansehen kann, wie seine Pflanzen von Schnecken und Mäusen gefressen, von Mehltau befallen oder von Blattläusen ausgesaugt werden, sollte bei der Beseitigung zumindest auf Gift verzichten.
Gegen Blattläuse und Spinnmilben hilft es, wenn man die Pflanze mit einem sogenannten biologischen Pyrethrum-Präparat besprüht. Genauso wirkungsvoll sind Tees und Laugen aus Großmutters Zeiten. Hier ein paar Beispiele:

- Pflanzenschutzseife in einer Lösung von 7, 5 g auf 1 Liter Wasser hilft gegen Blattläuse. Für Spinnmilben und Schildläuse gibt man 4 Eßlöffel Petroleum hinzu und verdünnt das ganze in 20 l Wasser.

• Blattläuse, Rost und Milben vetreibt man am besten mit einer Lösung aus 100 g Wermut in 1 Liter Wasser, 1:3 verdünnt.

• Gegen Pilzkrankheiten hilft Schachtelhalmtee, 100 g auf 1 Liter Wasser kalt aufgesetzt und eine halbe Stunde lang auf kleiner Flamme gekocht. Dann wird die Lösung auf 1:5 verdünnt und an die befallene Pflanze gegossen.

Schnecken beseitigt man mit Bierfallen, obgleich man sich davon auch keine Wunder erwarten darf. Vor Wühlmäusen schützt man seine kostbaren Pflanzen durch Drahtcontainer. Pflanzen, die von einem Virus befallen sind, sollten vernichtet werden, damit sich die anderen nicht anstekken können.

Frühlingsblumen aus der Tüte

Wer ein Tütchen Samen in die Erde streut und davon ausgeht, daß sein Garten in wenigen Wochen einem Blütenmeer gleicht, kann sich auch kräftig irren. Viele Blumen stammen nämlich aus warmen Ländern und haben eine längere Entwicklungszeit. In unserem Klima würden sie ordnungsgemäß erst dann zur Blüte kommen, wenn die ersten Nachtfröste nicht mehr fern sind. Deshalb müssen sie schon im Winter oder im zeitigen Frühjahr mit viel Mühe im Gewächshaus oder auf der Fensterbank vorgezogen werden.

Andere Sorten sind zweijährig. Von den Frühlingsblumen sind es sogar die meisten (zum Beispiel Vergißmeinnicht, Stiefmütterchen, Bartnelke und Goldlack). Kein Wunder, sonst müßten sie ja schon im kalten Winter unterm Schnee mit dem Keimen anfangen. Man muß sie im Sommer aussäen, damit sie dann im darauffolgenden Frühling blühen. Dabei besteht natürlich immer das Risiko, daß man erfolgreich gesät, pikiert und die Jungpflänzchen umgesetzt hat, und dann kommt ein besonders grimmig kalter Winter, die Pflänzchen erfrieren und die ganze Mühe war umsonst.

Wer sich ernsthaft mit dem Aussäen beschäftigt, kommt nicht um ein Frühbeet herum.

Stiefmütterchen (links und oben links) sollten Sie möglichst nicht aussäen, sondern gleich "fertig" in Ihren Garten pflanzen.

Der Goldlack mit dem wunderschönen Duft (oben) ist nur selten in Gartencentern zu finden. Säen Sie ihn aus – die Mühe lohnt sich!

Frühbeet – Frühling auf Vorschuß

Mit einem Frühbeet sind Sie dem Frühling um vier Wochen voraus. Es wirkt wie ein Minitreibhaus, das im März bei ziemlich konstanter Innentemperatur von ca. 15 °C nicht nur die grimmige Winterkälte draußen hält, sondern auch die Aufzucht von jungen Pflanzen ermöglicht. Frühbeete können Sie fertig kaufen.

Es gibt mittlerweile praktische Kästen aus Hartkunststoff mit lichtdurchlässigen Seitenwänden und einem Fenster mit Kunststofffolie, so daß man nicht mehr für Schatten sorgen muß. Natürlich können sie Ihr Frühbeet auch selbst bauen.

Anleitung zum Bau eines Frühbeetes

Frühbeete haben keine bestimmten Maße, doch die meisten sind etwa 1 x 2 m groß. Wenn Sie Ihres zu groß machen, kommen Sie an die Pflanzen in der hintersten Reihe nicht mehr dran.

Schrauben Sie die Enden von vier ziemlich breiten Brettern zu einem rechteckigen Rahmen zusammen und decken Sie ihn mit einer Glasscheibe zu. Ein altes Fenster ist ideal. Wenn Sie möchten, können Sie den Kasten noch mit Styropor isolieren.

Am besten stellen Sie Ihr Frühbeet auf eine leichte Schräge, die im Idealfall nach Süden geneigt ist. Dadurch bekommt der Kasten die meiste Wärme mit. Achten Sie darauf, daß der Boden darunter gut planiert ist, damit der kalte Wind nicht von unten durchpfeift. Nun können Sie entweder die Kiste 30 cm hoch mit guter Gartenerde füllen oder gleich in die Erde unter der Box säen. Natürlich können Sie auch Töpfe und Kistchen mit Saatgut und Pflänzchen hineinstellen.

An sehr kalten Tagen und Nächten sollten Sie Ihr Beet sicherheitshalber mit einer Wolldecke zudecken.

Schützen Sie Ihre Pflanzen mit einer Schattierfolie, einem alten Sack oder einer Strohmatte vor zuviel Sonne. Sie verbrennen sonst. Tagsüber darf es im Frühbeet nicht zu warm werden. An sonnigen Frühlingstagen sollten Sie das Fenster etwas hochstellen.

So wird gesät

Die meisten Frühlingsblumen werden im Sommer gesät. Am besten, Sie streuen Ihre Samentütchen in ein Kistchen oder ein Beet mit einem speziellen Aufzuchtsubstrat, oder Sie säen gleich ins Frühbeet. Dann müssen Sie aber Aufzuchterde verwenden, denn normale Erde ist für junge Pflänzchen viel zu stark gedüngt. Ist der Boden zu trokken, sollten Sie ihn möglichst am Tag vor der Aussaat gründlich gießen.

Ziehen Sie eine 1 cm tiefe Furche und säen Sie den Samen darin gleichmäßig und ziemlich sparsam aus. Wenn man weit genug aussät, braucht man später nicht zu vereinzeln. Decken Sie dann den Samen mit Erde ab und drükken Sie den Boden mit der flachen Seite der Harke vorsichtig an. Bei trockenem Wetter sollten Sie den frisch gesäten Samen gründlich anfeuchten (mit feinem Strahl), und das Beet auch später feucht halten. Wenn zu dicht gesät wurde, müssen die Pflänzchen nach dem Keimen ausgedünnt werden, damit sie sich nicht gegenseitig den Platz wegnehmen. Zwischen zwei Pflänzchen sollte ein Zwischenraum von 10-15 cm bestehen. Auch wenn's weh tut: Lassen Sie die stärksten Pflanzen stehen und ziehen Sie die anderen heraus (am besten bei feuchtem Boden). Wenn Sie es nicht übers Herz bringen, die ausgesonderten Pflanzen wegzuwerfen, verschenken Sie sie an Nachbarn.

TIP

Zum Schutz gegen Pilzbefall sollten Sie Ihre Sämlinge vorbeugend mit einer Lösung aus Chinosol duschen.

Maßliebchen und Bartnelken, Stiefmütterchen und Goldlack haben Keimtemperaturen zwischen 10° und 22° C und eine Keimdauer zwischen 8 und 20 Tagen.

Von den Frühlingsblumen, die wir Ihnen hier vorstellen, können Sie die meisten selbst aussäen. Aber einfach ist es nicht immer. Vor allem Stiefmütterchen, ein Dunkelkeimer, ist reichlich kompliziert. In Anbetracht dieser Sachlage ist der Preis von einer Mark pro Pflanze geradezu geschenkt. Wir möchten Sie nicht entmutigen. Wenn Sie

Spaß daran haben, selbst auszusäen – wunderbar. Und wenn nicht: Ab März gibt es die Jungpflanzen für relativ wenig Geld in jeder Gärtnerei.

Und nun die 12 Frühlingsblumen, die, ganz gleich ob gesät oder gepflanzt, ob in Verbindung mit Blumenzwiebeln oder ohne, Ihren Garten in ein Frühlingsparadies verwandeln werden. Suchen Sie sich aus, was zu Ihnen und zu Ihrem Garten paßt.

Hitliste

Gänseblümchen
Leberblümchen
Primel
Stiefmütterchen
Vergißmeinnicht
Akelei
Bartnelke
Frühlingsmargerite
Frühlingsaster
Gemswurz
Goldlack
Tränendes Herz

Blühkalender	Februar	März	April	Mai	Juni	Juli
Frühlingszwerge:						
Gänseblümchen		■	■	■	■	
Leberblümchen	■	■	■			
Primel		■	■			
Stiefmütterchen		■	■	■	■	■
Vergißmeinnicht			■	■	■	
Frühlingsriesen:						
Akelei				■	■	
Bartnelke				■	■	
Frühlingsaster				■	■	
Frühlingsmargerite				■	■	
Gemswurz			■	■		
Goldlack			■	■	■	
Tränendes Herz			■	■	■	

Gänseblümchen, auch Maßliebchen oder Tausendschön genannt, gibt es in mehreren Farben, aber am schönsten sind die roten.

Die Frühlingszwerge
Zuerst die kleinen Liebenswerten:

GÄNSEBLÜMCHEN

Bellis

Auf einen Blick
Standort: Halbschatten
Boden: lehmig-humoser Gartenboden, feucht
Höhe: 10-20 cm
Blütezeit: März bis Juni
Farben: weiß, rosa, rot.

Die großen, gefüllten und auch ausnehmend hübschen Nachkommen unseres Gänseblümchens (Maßliebchen, Tausendschön) sind so robust, daß sie fast nichts übelnehmen, außer Trockenheit, und dieses Risiko hält sich zu ihrer Hochblüte – im zeitigen Frühjahr – meist sehr in Grenzen. Nicht mal frostige Frühlingsnächte machen ihnen viel aus. Manchmal überstehen sie sogar einen ganzen Winter und säen sich dann selber wieder aus. Sie können die kugeligen, wuscheligen Pompons mit kleinen oder großen Blüten in jeder Gärtnerei kaufen. Natürlich können sie sie auch selbst aussäen. Bellis keimen leicht. Allerdings müssen sie, wie Stiefmütterchen, schon im Sommer des Vorjahres ausgesät, pikiert und dann im Herbst verpflanzt werden; am besten in Töpfe, für das Winterlager im Frühbeet. Sie können sie aber auch im Freien lassen und hoffen, daß der Winter nicht allzu kalt wird. Sicherheitshalber sollten Sie das Beet mit den Jungpflänzchen im Winter mit Reisig oder Mulch abdecken.

> **TIP**
> *Wenn Sie eine besonders schöne, kräftige Bellis entdeckt haben, sollten Sie sie gleich nach der Blüte ausgraben. Entfernen Sie Blütenköpfe und Samenstände und teilen Sie die Pflanze. Die Teilpflänzchen werden in nährstoffreiche Böden ausgepflanzt und wie Sämlinge weitergezogen. Nach kurzer Zeit haben sie lauter neue Blüten.*

LEBERBLÜMCHEN

Hepatica

Auf einen Blick
Standort: lichter Schatten
Boden: kalkhaltig, humusreich, locker "wie Walderde".
Höhe: 10 cm

Blütezeit: Februar bis April
Farbe: blau, weiß, rosa

Das Leberblümchen stammt aus dem Wald, genau aus dem Laubwald, der allerdings zu der Zeit, in der das Leberblümchen blüht, noch absolut kahl ist. Früher gehörte es, zusammen mit den Aurikeln, zu den beliebtesten Frühlingsblumen im Bauerngarten. Aber seitdem die Bauerngärten seltener geworden sind, macht sich auch das Wald-Leberblümchen (*Hepatica nobilis*) rar. Die Botaniker, die sich, wie alle Wissenschaftler, manchmal seltsam ausdrücken, sagen: Es ist gartenunwillig geworden. Damit es in unseren Gärten gedeihen kann, müssen wir uns bemühen, ihm das richtige Waldgefühl zu vermitteln: Waldboden und möglichst noch die Gemeinschaft mit seinem klassischen Partner, dem Seidelbast.

TIP

Das schwierige Waldleberblümchen hat noch eine osteuropäische Verwandte, Hepatica angulosa, das siebenbürgische Leberblümchen. Das ist längst nicht so wählerisch: Es fühlt sich auch im Garten unter Bäumen und Sträuchern pudelwohl, blüht kräftig, oft schon im Februar, und läßt sich bereitwillig durch Teilung vermehren. Was macht es da schon aus, daß es nur in einer Farbe (blau) zu haben ist?

PRIMEL

Primula

Auf einen Blick
Standort: Halbschatten
Boden: feucht, lehmhaltig
Höhe: 20-60 cm
Blütezeit: März, April
Farben: weiß, gelb, rot, rosa, blau violett

Die hochgezüchteten, farbigen Kissenprimeln mit ihren dichtgedrängten Blüten, die wir ab Januar in den Blumengeschäften kaufen können, sehen aus, als wären sie vom Frühling persönlich erfunden worden. Sie werden in Gewächshäusern vorzeitig zur Blüte gebracht und sind leider längst nicht mehr so zäh wie ihre Urahnin, die *primula vulgaris*, die zu den ersten blühenden Pflanzen Nordeuropas zählt. Die Kissenprimel selbst überlebt zwar Minus-

Leberblümchen sind Waldpflanzen. Es ist gar nicht so einfach, sie im Garten anzusiedeln. Das Maßliebchen (oben rechts) dagegen, die beliebte Verwandschaft unseres Gänseblümchens, hat in dieser Beziehung keine Probleme. Es blüht überall und unermüdlich bis in den Sommer hinein. Ausgepflanzte Kissenprimeln (unten) kommen im Garten jahrelang wieder. Allerdings blühen sie nie mehr so reich wie im ersten Jahr.

temperaturen im Garten, nicht jedoch die Blüte. Bis zur nächsten Saison hat sich die Pflanze zwar erholt, ist auch widerstandsfähiger geworden, aber die Blüte ist nie wieder so schön wie im ersten Jahr. Nach 2-3 Jahren ist die Kissenprimel erschöpft und will geteilt und umgepflanzt werden. Robuster sind ihre Freilandverwandten, die Kugelprimel und die Alpenaurikel.
Die Kugelprimel, bei der die runden rosa, weißen oder violetten Blütenköpfchen auf 30 cm langen Stielen stehen, kommt, wenn ihr der Platz in Ihrem Garten gefällt, jahrelang wieder. Sie liebt Halbschatten und guten, humusreichen Gartenboden. Die

TIP
Vorgezogene Kissenprimeln blühen im Juli/August ein zweites Mal, wenn man sie nach der Blüte in den Garten pflanzt.

echte gelbe Alpenaurikel gedeiht an feuchten, hellen Orten auf kalkhaltigem Boden. Gartenprimeln vermehrt man meist durch Teilung. Sie aus Samen heranzuziehen, ist ein langwieriger Prozeß.

Stiefmütterchen

Viola

Auf einen Blick
Standort: volle Sonne
Boden: normaler, kräftiger Gartenboden, leicht feucht, aber ohne Staunässe
Höhe: 20-30 cm
Blütezeit: März bis November
Farben: Fast alle

Stiefmütterchen, besonders diejenigen, die aus dem Freiland stammen, sind ziemlich unempfindlich gegen (mäßigen) Frost. Äußerlich haben unsere heutigen bunten "Riesengesichter" zwar nur noch wenig gemein mit ihren kleinen wilden, aber überaus zähen Vorfahren, die noch bis zum letzten Jahrhundert in unseren Bauerngärten wuchsen. Aber ihre starke Natur ist ihnen trotz diverser Kreuzungen erhalten geblieben. Sie blühen, wenn es sein muß, rund ums Jahr. Die schönsten Blüten allerdings produzieren sie an kühlen Vorfrühlingstagen. Je häufiger man die Pflanzen zurückschneidet und die Blumen für die Vase pflückt, desto kräftiger blühen sie. Gartenstiefmütterchen exi-

stieren in diversen Sorten und fast allen Farben. Man unterscheidet sie außer nach der Farbe auch nach Blütezeit und nach Blütengröße. Freilandstiefmütterchen blühen natürlich etwas später.

> **TIP**
> *Stiefmütterchen halten sich sehr lange in der Vase, wenn man den Strauß zwei Stunden lang in Wasser legt und sie anschließend in Eiswasser stellt.*

Ausgesprochen winterhart ist die "Vierländer Früheste". Besonders großblumig und ebenfalls ziemlich unempfindlich gegen Frost: "Frühblühende Juwariesen".
Wer mag, kann seine eigenen Stiefmütterchen im Juni an schattiger, feuchter Stelle aussäen, einmal pikieren und im September an Ort und Stelle pflanzen. Mit Reisig abgedeckt, überstehen sie einen milden Gartenwinter. Sicherer ist es allerdings, sie (falls vorhanden) im Frühbeet. überwintern zu lassen. Ein solches Frühbeet können Sie entweder für relativ wenig Geld kaufen oder aber auch ohne Schwierigkeiten selber bauen. Wie das geht, steht auf Seite.60. Wunderschön in einem Naturgarten, aber nicht ganz leicht zu finden, sind Wild-Stiefmütterchen (Viola tricolor).

VERGISSMEINNICHT

Myosotis

Auf einen Blick
Standort: Halbschatten
Boden: lehmige, feuchte Gartenerde
Höhe: 15-50 cm
Blütezeit: April bis Juni
Farben: blau, selten weiß und rosa

Das Frühlings-Vergißmeinnicht kommt in diversen Varianten vor: einjährig, zweijährig und als Staude. Die Sorte, die in unseren Gärten am häufigsten gepflanzt wird, "Blauer Korb", stammt vom Wald-Vergißmeinnicht ab. Die Vergißmeinnicht, die Sie schon früh im Jahr kaufen können, sollten Sie nicht zu früh ins Freie pflanzen. Sie stammen

> **TIP**
> *Wenn Sie ein tiefdunkelblaues Vergißmeinnicht suchen – fragen Sie nach der Sorte "Compindi"!*

aus Treibhäusern und würden eine Frühlingsnacht mit Minustemperaturen im Freien nicht überleben. Etwas anderes ist es, wenn Sie sie selbst aussäen (wie Stiefmütterchen und Bellis im Sommer des Vorjahres) und im Verlauf des Winters abhärten. Einmal angepflanzt, säen sich die Vergißmeinnicht selber aus und blühen dann unermüdlich bis in den Frühsommer hinein – auch dann noch, wenn man eigentlich schon den Platz für die Sommerpflanzen bräuchte!

TIP

Die schönste Akelei kommt aus den Vereinigten Staaten. Die Sorte heißt Aquilegia Crimson Star und trägt dunkelkarmesinrote Blüten.

Die zarte Akelei (rechts) ist außerordentlich robust: einmal im Garten ausgesät, vermehrt sie sich immer wieder aufs neue. Sie zählt, wie auch das Vergißmeinnicht (oben) und die Bartnelke (ganz rechts), zu den späten Frühlingsblühern.

Die Frühlingsriesen
Die großen Schönen sind prächtig als Schnittblumen geeignet:

AKELEI

Aquilegia

Auf einen Blick
Standort: Halbschatten oder Schatten
Boden: normaler Gartenboden, gern feucht
Höhe: 15-120 cm
Blütezeit: Mai, Juni
Farben: weiß, hellblau, rosa und zweifarbige Sorten

Die romantisch-verspielte Akelei ist schon seit dem Mittelalter bei uns bekannt: in zahlreichen wildwachsenden Arten, in erster Linie aber als eine der Klassiker in den Bauerngärten. Es gibt sie in ganz klein (10 cm hoch) als Steingartenpflanze ebenso wie als 120 cm hohe Gartenstaude. Die typische Akelei, die bei uns im späten Frühling blüht, ist 40-60 cm hoch und trägt an den verzweigten Stengeln drei bis zehn zarte Blüten, die häufig zweifarbig sind: weiß mit rosa und blau mit weiß. Sie ist wunderbar als Schnittblume geeignet. Es tut auch nicht mal weh, sie abzuschneiden, denn wenn es der Akelei in Ihrem Garten gefällt, sät sie sich immer wieder selbst aus. Nach kurzer Zeit wissen Sie gar nicht mehr wohin damit. Wenn Ihnen diese Vorstellung gefällt, aber Sie haben keinen Pflanze im Garten, die sich selbst aussäen könnte: Kaufen Sie ein Tütchen Samen (meist bekommen Sie eine Mischung aus verschiedenen Sorten) und säen Sie diese im März in ein Kistchen mit leichter, sandiger Erde oder von April bis Juli ins Freiland. Die Akelei blüht noch im gleichen Jahr.

BARTNELKE

Dianthus barbatus

Auf einen Blick
Standort: Sonne
Boden: durchlässig, kalkhaltig, nahrhaft
Höhe: 40 cm
Blütezeit: Mai, Juni
Farbe: weiß, rot, rosa

Bartnelken gehören dem späten Frühling: sie haben viele zarte, oft zweifarbige Blüten, manchmal gefüllt, an einem stämmigen Stengel, meist 30-40 cm hoch – einfach ideal für Schnittblumen.

Gelegentlich gibt es die Bartnelken auch in der Kurzform, 15-20 cm hoch; die Zwerge werden dann gern als Beet-Einfassung verwendet. Bartnelken sind meist zweijährig. Man sät sie im Mai an schattiger Stelle aus, pikiert einmal und verpflanzt sie im September an ihren endgültigen Platz. Sicherheitshalber sollten Sie den neuen Standort, wie bei allen Zweijährigen, vor zu starker Kälte mit Reisig oder einer warmen Mulchdecke aus Herbstlaub und Erde schützen.

TIP

Wenn Sie nicht die Geduld aufbringen, bis zum übernächsten Frühjahr auf Ihre Bartnelken zu warten: Die Züchter haben inzwischen eine einjährige Sorte entwikkelt, die genauso schön blüht. Fragen Sie nach "Red Monarch".

FRÜHLINGSASTER

Aster tongolensis

Auf einen Blick

Standort: möglichst Sonne
Boden: guter Gartenboden, nicht zu trocken
Höhe: 40-50 cm
Blütezeit: Mai, Juni
Farben: lila, violett

Es ist ein Irrtum, daß es Astern nur im Spätsommer gibt. Wer mag, kann sich vom Frühjahr bis in tief in den Herbst an ihnen freuen. Sie gehören zu den schönsten Blumen des Jahres.

Bereits im Mai und Juni blüht die *Aster tongolensis* mit violetten Blüten und gelbem Herzen. Wenn die Freude manchmal nicht ganz uneingeschränkt ist, so liegt das nicht daran, daß Astern schwierig oder kompliziert zu ziehen sind – ganz im Gegenteil – sondern an zwei Krankheiten, die ihnen oft zu schaffen machen. Die stets gefürchtete Asternwelke ist auch heute noch nicht völlig weggezüchtet, und auch gegen den Mehltau sind Astern anfällig, vor allem dann, wenn sie zu dicht und zu lange an einer

Stelle stehen. Pflanzen oder säen Sie Astern deshalb möglichst jedes Jahr an einen anderen sonnigen Platz.

FRÜHLINGSMARGERITE

Chrysanthemum coccineum

Auf einen Blick
Standort: Sonne
Boden: frisch, durchlässig, kalkarm
Höhe: 60-90 cm
Blütezeit: Mai, Juni
Farben: weiß, rosa, rot

Die reichblühende und bunte Frühlingsmargerite mit den – einfachen oder gefüllten – roten, rosa und weißen Blüten gilt als eine der besten Schnittblumen. Schon im Mai können Sie daraus im eigenen Garten wunderschöne Sträuße pflücken. Wenn Sie nach der Blüte die abgeblühten Pflanzen handhoch über dem Boden abschneiden, blüht die Frühlingsmargerite im Spätsommer möglicherweise noch ein zweites Mal.
Aber auch wenn Sie noch so gut düngen und pflegen, nach einigen Jahren werden die Blüten der Frühlingsmargerite immer kleiner. Da hilft nur Tei-

Aus Gemswurz (oben links), Tränendem Herz (links) und bunten Frühlingsmargeriten (oben) kann man die ersten Blumensträuße der Saison schneiden.

len. Schneiden Sie beim Teilen ältere Wurzeln und Rhizome bis auf eine Faustlänge zurück. Die neuen Wurzelspitzen müssen noch weiß sein und nicht eingetrocknet, wenn man sie wieder einpflanzt. Der Boden sollte anschließend nicht gegossen, sondern nur übersprüht werden.

Gemswurz

Doronicum orientale

Auf einen Blick
Standort: Sonne oder Halbschatten
Boden: nährstoffreich, sandig-lehmig
Höhe: 30-50 cm
Blütezeit: April, Mai
Farbe: gelb

Kommt der Frühling, kommt auch schon die Gemswurz. Die Staude mit den leuchtend gelben margeritenähnlichen Blüten gehört zu den echten Frühblühern. Sie blüht nicht nur früh, sondern auch überaus reichlich. Welche andere Pflanze würde sonst im April schon großzügig Schnittblumen zur Verfügung stellen? Die Gemswurz breitet sich zwar langsam aus, doch im

TIP
Wenn Sie Gemswurz als Schnittblume verwenden wollen, sollten Sie die abgeschnittenen Blumen 24 Stunden lang tief ins Wasser setzen. Dadurch verhindern Sie, daß sich die Blütenblätter kräuseln.

Laufe der Jahre entstehen – wenn die Gemswurz sich bei Ihnen wohlfühlt – richtig dikke Polster. Nach der Blüte können Sie einzelne Teile des Wurzelstocks abschneiden und zwecks Vermehrung an eine andere Stelle im Garten umpflanzen.

Goldlack

Cheiranthus

Auf einen Blick
Standort: sonnig, windgeschützt
Boden: lehmhaltig, durchlässig, nährstoffreich, kalkhaltig
Höhe: 10- 60 cm
Blütezeit: April bis Juni
Farben: gelb, gold, orange, braun

Der Goldlack gehört nicht zu den Pflanzen, die Sie beim ersten Frühlingssonnenstrahl

an allen Ecken und Enden kaufen können. Sie müssen schon ein wenig nach ihm suchen. Das lohnt sich aber unbedingt, denn Ihr Frühlingsgarten ist erst mit einer Kombination aus roten Maßliebchen, blauen Vergißmeinnicht, weißen Stiefmütterchen und gelbem Goldlack perfekt.
Goldlack gibt es in allen möglichen Varianten, hoch und niedrig, gefüllt und ungefüllt. Die Blüten sitzen in Trauben an den Stengelenden und verströmen einen wunderschönen Duft, den auch die Bienen unwiderstehlich finden.

Unter einer leichten Schutzdecke aus Reisig oder Laubmulch übersteht er auch einen strengen Winter, doch nach einigen Jahren beginnt er zu kümmern.
Sie sollten dann entweder neue Pflänzchen setzen oder den Goldlack im Juni/Juli den Goldlack auf schattigen, feuchten Beeten selbst aussäen und im Herbst an die richtige Stelle pflanzen. Mit einem warmen Wintermantel übersteht er auch strengen Frost.

Tränendes Herz

Dicentra

Auf einen Blick

Standort: Halbschatten, möglichst windgeschützt
Boden: gut gedüngter Gartenboden
Höhe: 60-80 cm
Blütezeit: April bis Juni
Farbe: rosa, weiß

Die altmodische Staude trägt den traurigen Namen wegen der Trauben von herzförmigen rosa-weißen (selten reinweißen) Blüten, die an hohen, buschigen Stengeln hängen. Fühlt das "Tränende Herz" sich an seinem Standort wohl, so mag es am liebsten viele Jahre dort bleiben. "Umziehen" können allenfalls die Teile der Hauptpflanze, die Sie zwecks Vermehrung im Frühjahr oder im Herbst vorsichtig und sorgfältig abtrennen. Obacht, die Wurzeln der *Dicentra* sind überaus zerbrechlich. Tränende Herzen sind ideale Schnittblumen: In der Vase halten sie wochenlang!
Unter einer warmen Schutzdecke übersteht sie auch einen harten Winter.

Frühling im Gebüsch

Kein Frühlingsgarten ohne blühende Sträucher. Sie sind unwiderstehlich schön. Wenn sie nur nicht so schnell wachsen würden!

Auch wenn Sie es sich nicht vorstellen können: die niedliche kleine Forsythie am Gartenzaun wird, kaum gepflanzt, tief Luft holen und wachsen. Und wachsen! In die Höhe, vor allem aber auch in die Breite.
Nicht minder stark wächst der stämmige Rhododendron-Zwerg mit den leuchtend pinkfarbenen Blüten oder die rosarote Weigelie, die Sie nach dem Pflanzen kaum mehr wiederfinden konnten. In ein oder zwei Jahren haben sie – und auch fast alle anderen Sträucher – ihren Umfang mühelos verdoppelt oder sogar verdreifacht.
Im Frühling, wenn sie in voller Blüte stehen, kann man sich nichts Schöneres vorstellen. Aber während der übrigen Monate des Jahres sind sie nur groß und bestenfalls grün. Lesen Sie also, wenn Sie Ihre Sträucher auswählen, in Ihrem eigenen Interesse die Beschreibung auf dem kleinen, angehängten Zettel überaus gründlich. Die Angaben, die dort über das Wachstum gemacht werden, sind fast nie übertrieben.
Ob Sie sich nun für einen Frühlingsblüher oder für irgendeinen anderen Strauch entscheiden – die "Spielregeln" sind alle annähernd gleich. Hier in Kürze die wichtigsten:

Vorsicht beim Einkauf!

• Hüten Sie sich vor übergroßen Pflanzen in viel zu kleinen Containern oder mit viel zu kleinem Wurzelballen. Unerfahrene Käufer glauben, je größer die Krone, desto größer der Strauch. Das ist aber ein Irrtum. Oft muß der Züchter die großen Pflanzen loswerden, um Platz für neue Ware zu schaffen und damit die Frachtkosten niedrig bleiben, schneidet er den Wurzelballen so zusammen, wie gerade noch vertretbar. Oft reichen die Wurzeln aber für einen großen Strauch nicht mehr aus.
• Hüten Sie sich nicht minder vor winzigen Pflanzen in Riesencontainern – auch das ist Bauernfängerei!
• Vorsicht vor Pflanzen, die ausgegraben, in einen Container gesteckt und verkauft werden, noch ehe sie genügend Wurzeln haben! Sie gedeihen nicht richtig.

• Achten Sie darauf, daß Ihre Sträucher grün, kräftig und somit gesund ausschauen. Der Wurzelballen sollte möglichst groß sein, im Idealfall halb so breit wie die Krone.

Wenn Sie sich eine bestimmte Pflanze in den Kopf gesetzt haben, lesen Sie die Pflanzanleitung durch, bevor Sie sich endgültig entscheiden. Dort steht nämlich genau, welche Lebensbedingungen die Pflanze zum Gedeihen braucht. Wenn Sie dort etwa lesen, daß sie Sonne haben möchte und lehmhaltigen Boden, dann glauben Sie bloß nicht, daß sie bei Ihnen auch im Halbschatten oder Schatten gedeihen wird, oder auf sandiger Erde. Keine Chance!

Eine sonnenhungrige Pflanze wird im Halbschatten groß, dünn und mickerig.

Wählen Sie nicht erst die Pflanze und überlegen dann, wohin damit, sondern suchen Sie nach dem Strauch, der zu dem ihm vorgesehenen Standort paßt. Sie ersparen sich – und der Pflanze – eine Menge Ärger.

So pflanzt man Sträucher

Gepflanzt werden kann im Herbst und im Frühjahr. Sträucher, die im Herbst in die Erde kommen, haben den Vorteil, daß sie bis zum nächsten Frühjahr schon halbwegs angewachsen sind und schnell vorankommen. Aber auch die Pflanzung im Frühling hat ein Plus. Sie sehen viel besser, was Sie da eigentlich kaufen, weil der Strauch ja ein bißchen grün ist und brauchen nicht die sprichwörtliche Katze im (Jute-)Sack zu kaufen. Und außerdem ist die Gefahr geringer, daß ein besonders harter Winter die soeben gepflanzten und noch nicht verwurzelten Sträucher niedermäht. Entscheiden Sie also selbst, welcher Termin Ihnen am besten paßt.

• Sträucher sind meist unkompliziert, sie gedeihen in jedem guten Gartenboden. Nur Rhododendren, Azaleen, Heide und andere Moorpflanzen brauchen saure Erde. Am besten, Sie pflanzen sie in Torf oder in spezielles Rhododendronsubstrat.

• Graben Sie ein großzügiges Pflanzloch, vermischen Sie die

Erde mit reichlich Kompost (ausgenommen sind natürlich Moorpflanzen), und sorgen Sie für eine einwandfreie Dränage: Wurzeln, die in eine Wasserstauschicht hineinwachsen müssen, beginnen unweigerlich zu faulen.

- Das Loch muß so breit sein, daß die Wurzeln nicht knikken. Besonders tief braucht es nicht zu sein. Ballen- und Containerpflanzen werden so in das Pflanzloch gesetzt, daß beim Zuschütten gerade noch ein Extra-Zentimeter Erde obendrauf Platz hat. Bei Ballenpflanzen wird nur der Knoten geöffnet, das Tuch selbst können Sie mit eingraben. Den Container bei Containerpflanzen müssen Sie natürlich entfernen.
- Beschädigte, abgeknickte oder tote Wurzeln werden abgeschnitten.
- Ist die Pflanze in der Erde, wird die Pflanzstelle reichlich gewässert.

Ein bißchen Pflege muß sein

Alle Blühpflanzen freuen sich, wenn sie im frühen Frühling eine großzügige Ration Dünger bekommen – sie blühen dann viel schöner. Am besten eignet sich eine organische Mischung, die Stickstoff, Phosphor und Kali enthält, weil dadurch die Blühfreudigkeit angeregt wird.

Wenn sich Ihre Sträucher einmal an diese Sonderration gewöhnt haben, reagieren sie sehr verstimmt, wenn sie nicht regelmäßig ihr Zusatzfutter bekommen. Einmal Dünger, immer Dünger!

Eine Mulchschicht aus organischem Material (Rindenmulch, Grasschnitt, verrotteter Stallmist, Laub) um den Strauch herum sorgt dafür, daß die Erde länger feucht bleibt. Sie verhindert, daß das Unkraut sich zu rasch ausbreitet und liefert Ihrer Pflanze ständig zusätzliche Nährstoffe.

Gelegentlich ist es notwendig, zu dicht stehende Triebe etwas auszulichten. Bei Ihren Frühlingssträuchern sollten Sie das selbstverständlich erst nach der Blüte tun. Aber wirklich gleich danach, niemals im Herbst, weil sich am diesjährigen Holz die Blüten für das nächste Jahr bilden.

Jeder Ast, der dicker ist als Ihr kleiner Finger, sollte nach dem Abschneiden fachmännisch versiegelt werden.

TIP
Wenn Sie einen schnellwachsenden Sichtschutz brauchen – die Blutjohannisbeere ist kaum zu schlagen. Neugierige Nachbarn haben beim Blick über den Zaun keine Chance mehr!

Unverwüstlich und jedes Jahr aufs neue wunderschön: Blühende Forsythien (unten) und Blutjohannisbeeren (links).

Zum Versiegeln von Wunden ist Baumwachs ideal. Aber wenn Sie keines haben, tut es auch Nagellack, Lippenstift oder Kerzenwachs.

Winterschutz

Vor Kälte und Frost können Sie Ihre Sträucher kaum bewahren. Dicke Mulchschichten sind zwar gut gemeint, bringen aber nicht viel. Aber Sie können Ihren Sträuchern vor dem kalten langen Winter trotzdem etwas Gutes tun:. Bei Minustemperaturen besteht immer die Gefahr, daß Pflanzen vertrocknen. Da Sie jedoch bei Frost nicht mehr gießen können, sollten Sie Ihre Sträucher im Herbst häufig wässern, damit sie einen reichlichen Wasservorrat haben.

Auf den nächsten Seiten stellen wir Ihnen sechs Frühlingsblüher vor, an deren Blütenpracht Sie viel Freude haben werden. Vier davon sind völlig unkompliziert. Von den beiden anderen, Magnolie und Rhododendron, kann man das nicht ganz behaupten. Aber sie sind so unwiderstehlich schön, daß Sie den Versuch wagen sollten.

Hitliste

Blutjohannisbeere
Forsythie
Magnolie
Rhododendron
Zaubernuß
Zierquitte

BLUTJOHANNISBEERE

Ribes sanguineum

Auf einen Blick
Standort: gedeiht überall
Boden: völlig anspruchslos
Höhe: 1-3 Meter
Blütezeit: April, Mai
Farbe: rot

Die Blutjohannisbeere ist der anspruchsloseste Frühlingsblüher, den Sie sich nur vorstellen können. Bei ihm kann man wirklich fast nichts falsch machen. Nicht mal Wind, den die meisten Sträucher hassen, macht der robusten Pflanze etwas aus. Als freiwachsende Blütenhecken sind sie dankbare Blüher. Die schönste Art, King Edward VII., hat tiefrote Blütentrauben, mit einem weißen Fleck in der Mitte.

FORSYTHIE

Forsythia

Auf einen Blick
Standort: Vollsonne
Boden: unkompliziert, liebt aber nahrhaften, tiefgründigen Boden
Höhe: 3-4 Meter und genauso breit
Blütezeit: März, April
Farbe: gelb

Die Forsythie mit ihren leuchtend gelben Blüten ist der Inbegriff des Frühlings. Sie ist erfrischend anspruchslos, gedeiht in jedem wie auch immer gearteten Gartenboden und blüht fast garantiert in jedem Frühjahr am noch völlig kahlen Holz. Die ersten vier Jahre nach der Pflanzung sollten Sie die Forsythie am besten nicht zurückschneiden. Dann jedoch empfiehlt es sich, in jedem Jahr, nachdem die Pflanze geblüht hat, ein oder zwei dicke (alte) Triebe direkt über dem Boden herauszuschneiden. Dadurch werden die Forsythien gekräftigt und blühen dann viel reicher.

> **TIP**
> *Wenn Sie Anfang Dezember Barbarazweige abschneiden, haben Sie zu Weihnachten blühende Forsythien!*

MAGNOLIE

Magnolia

Auf einen Blick
Standort: volle Sonne, windgeschützt, möglichst freistehend
Boden: leicht sauer, humusreich und locker, gern feucht
Höhe: 2-6 Meter, wird sehr breit
Blütezeit: März bis Mai
Farbe: weiß-rosa, weiß

Magnolien gibt es als Bäume und als Sträucher, als Frühlings- und als Sommerblüher. Die meisten verlieren im Herbst ihr Laub, aber manche sind auch immergrün. Die bei uns am meisten verbreitete Art heißt *Magnolia soulangiana.* Im April und Mai, noch vor dem Austrieb der Blätter, entfaltet sie ihre aufrechtstehenden weiß-rosa Blüten, die

> **TIP**
> *Magnolien lieben reichliche Portionen von gut verrottetem Rindermist.*

Die Magnolie (oben) ist unangefochten der Star im Frühlingsgarten. Die Zierquitte (rechts) hat hübsche rote Blüten und im Herbst Früchte, aus denen man sogar Marmelade kochen kann.

Die Zaubernuß (ganz oben) blüht schon, ehe der Winter zu Ende ist. Rhododendren (oben) sind heikel. Sie gedeihen nur auf saurem Boden. Wenn sie den jedoch bekommen, blühen sie in überwältigender Pracht.

ein bißchen an Tulpen erinnern. Bekannt und sehr beliebt ist auch die frühblühende Sternmagnolie, *Magnolia stellata*, deren schneeweiße, sternförmige Blüten schon im März erscheinen.

Rhododendron

Rhododendron

Auf einen Blick
Standort: Halbschatten, unterm Schutz großer Bäume, hohe Luftfeuchtigkeit
Boden: humos, locker, kalkfrei, leicht sauer, Waldhumus ist ideal
Höhe: 1-3 Meter, sehr breit
Blütezeit: März bis Mai
Farben: weiß, rosa, violett, purpur, rot, orange

Rhododendren erleben gerade einen neuen Boom. Jeder will die Sträucher mit den wunderschön leuchtenden Blüten im Garten haben. Leider sind längst nicht alle unsere Gärten für Rhododendren geeignet. Wenn Sie keine Enttäuschung erleben wollen, müssen Sie sich schon sehr um Ihren Rhododendron bemühen. Die großblumigen Rhododendren gehören zu den Waldpflanzen, die kleinwüchsigen Zwergformen stammen aus dem Hochgebirge. Beide Sorten sind nicht bereit, für das Privileg, in Ihrem Garten blühen zu dürfen, ihre alten Lebensgewohnheiten aufzugeben.

Sie bestehen auf einem windgeschützten Platz im Schatten hoher Bäume, brauchen viel Wasser und saure Erde. Ideal wäre Waldhumus – aber wer hat den schon? Also behilft man sich, indem man den Rhododendron in ein Torfbett pflanzt, oder, noch besser, in spezielle Rhododendron-Erde, die es seit einiger Zeit auf dem Markt gibt. Graben Sie ein möglichst tiefes Loch, schlitzen Sie den Sack mit dem sauren Substrat seitlich auf, durchlöchern Sie die Folie und geben Sie die Erde mitsamt dem Sack in das Pflanzloch. Der Plastiksack soll die unterste Schicht bilden und verhindern, daß die Spezialerde mit der normalen und kalkhaltigen Gartenerde vermischt wird. Rhododendren verabscheuen Kalk derart, daß sie oft schon verstimmt sind, wenn sie mit kalkhaltigem Wasser gegossen werden! Wenn Sie im Frühjahr pflanzen, düngen Sie erst nach der Blüte, am besten mit Rhododenron-Dünger, drehen Sie die verblühten Blüten vorsichtig heraus, um Samenansatz zu vermeiden, wässern Sie reichlich, vor allem im Herbst – und hoffen Sie darauf, daß der Rhododendron gnädig genug ist, im nächsten Frühjahr wieder zu blühen!

ZAUBERNUSS

Hamamelis

Auf einen Blick

Standort: volle Sonne, aber auch Halbschatten, in Hausnähe
Boden: normaler Gartenboden, gern feucht, tiefgründig
Höhe: 2-5 Meter, mehr breit als hoch
Blütezeit: je nach Sorte, Januar bis März
Farben: gelb, kupferrot, dunkelrosa

Wer den Frühling nicht erwarten kann, sollte eine Zaubernuß in seinen Garten pflanzen. Bei schönem Wetter öffnen sich die spinnenartigen gelben Blüten bereits im Januar. Wird es wieder kalt und grau, rollen sie sich einfach zusammen – bis zum nächsten Sonnentag. Temperaturen bis zu 10 °C minus machen ihnen nicht das geringste aus. Hamamelis-Sträucher sind teuer, weil die Veredlung recht kompliziert ist. Deshalb sind die Pflanzen in den Baumschulen auch meist ziemlich klein! Sie wachsen auch, im Gegensatz zu den meisten anderen Sträuchern, nur langsam. Wählen Sie trotzdem den Standort sorgfältig aus. Nach zehn Jahren ist auch ein ehemals kleiner Strauch, bis zu zwei Meter breit und läßt sich dann nur noch äußerst ungern verpflanzen.

TIP

Hamamelis-Sträucher mögen nicht zurückgeschnitten werden. Aber gegen einen abgeschnittenen Zweig haben sie nichts. Er verbreitet im Haus einen wunderschönen Duft!

Am weitesten verbreitet ist *Hamamelis mollis*, die chinesische Zaubernuß. Aber Achtung, sie wird bis zu fünf Metern hoch und auch so breit! Wenn Sie nicht so viel Platz haben, sollten Sie die *Hamamelis japonica* pflanzen, sie hat leuchtend rote Blüten und ist viel zierlicher.

ZIERQUITTE

Chaenomeles

Auf einen Blick
Standort: Sonne oder Halbschatten
Boden: unkompliziert, jeder gute Gartenboden
Höhe: 1-3 Meter
Blütezeit: März bis Mai
Farbe: weiß, rot, rosa

Die Sträucher mit den wunderbar leuchtenden Blüten sind völlig unkompliziert. Sie gedeihen auf jedem Boden und blühen oft schon im März, noch ehe sie Blätter bekommen. Ihre Blüten sind ein echter "Hingucker"! Zu guter Letzt tragen sie auch noch Früchte, die zwar roh nicht besonders schmecken, aber eine hervorragende Marmelade ergeben.

Tip
Sie können Ihre Zierquitte auch an einer Wand als Spalier ziehen. Sie blüht dann früher, und die Früchte reifen besser aus.

REGISTER